MULTILINGUAL BIBLIOSERVICE **BIBLIOSERVICE MULTILINGUE**

National Library of Canada   Bibliothèque nationale du Canada

Kishons beste Tiergeschichten

Kishons
beste Tiergeschichten

Mit Zeichnungen von Rudolf Angerer

HERBIG

Ins Deutsche übertragen von Friedrich Torberg
und Gerhard Bronner

© 1983 · Alle Rechte für die deutsche Sprache
bei Albert Langen · Georg Müller Verlag GmbH, München · Wien
Verlagsredaktion: Brigitte Sinhuber-Erbacher
Schutzumschlag-Zeichnung: Rudolf Angerer
Herstellung: Franz Nellissen
Satz: Filmsatz Schröter GmbH, München
Druck und Binden: Mohndruck, Graphische Betriebe GmbH, Gütersloh
Printed in Germany
ISBN 3-7766-1261-4

Inhalt

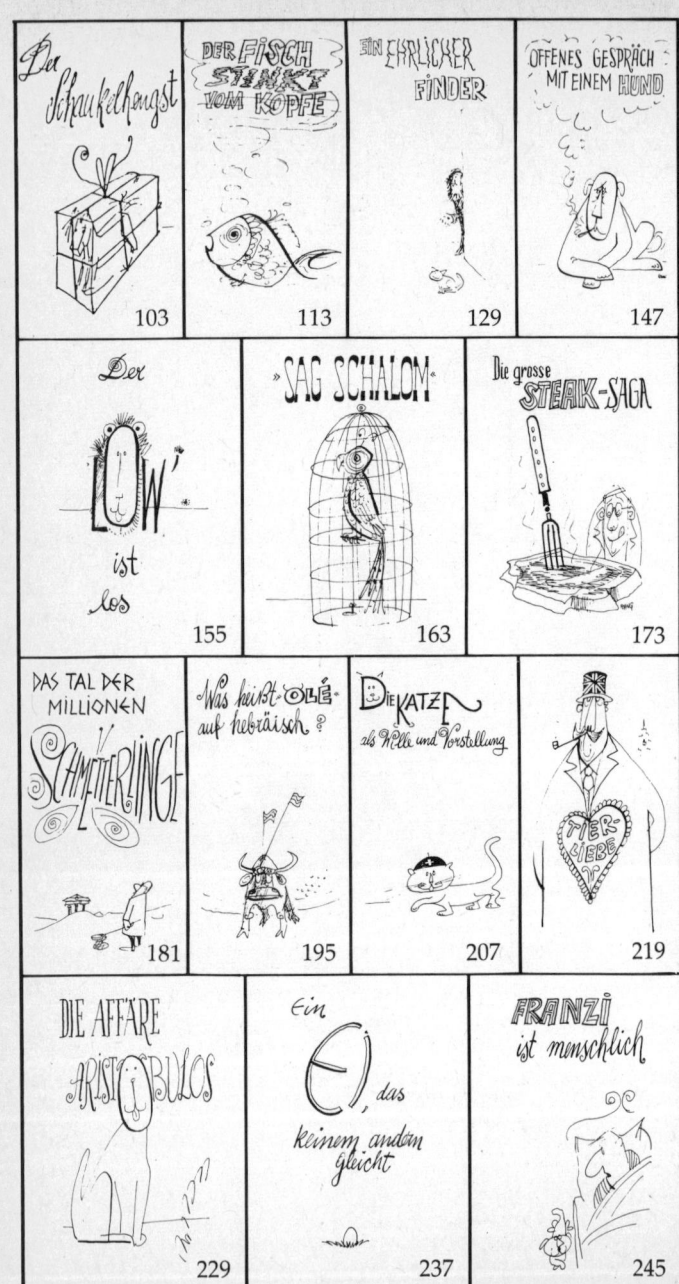

Alle TIERE sind schon da

»Ich muß Sie auf etwas aufmerksam machen«, sagte mein Verleger und seufzte. »Bevor Sie ein neues Buch anfangen, sollten Sie sich darüber klar sein, daß in unserem Land kein Mensch mehr liest.«
»Übertreiben Sie nicht«, antwortete ich. »Zufällig weiß ich von einem alten Ehepaar in Haifa, das jedes Jahr mindestens drei Bücher kauft.«
»Ja, von denen habe ich auch schon gehört. Aber für ein einziges Ehepaar kann man keine Buchproduktion aufziehen. Ich würde Ihnen deshalb empfehlen, sich auf Kinderbücher umzustellen. Dank unserem veralteten Erziehungssystem werden Kinder in der Schule noch zum Ankauf von Büchern gezwungen.«
»Dann schreibe ich also ein Kinderbuch. Was für Stoffe verkaufen sich denn jetzt am besten?«
»Tiere.«
»Also ein Kinderbuch über ein Tier.«
»Ja. Was schwebt Ihnen vor?«

»Lassen Sie mich nachdenken. Sagen wir: ›Mecki, der Sohn des Ziegenbocks.‹ Wie wäre das?«
»Schlecht. Hatten wir schon. Es hieß ›Mecki-Mecks Abenteuer‹. Acht Auflagen. Mecki-Meck brennt von zu Hause durch, fährt mit einem Jeep in die Stadt, erlebt verschiedene Abenteuer, entdeckt, daß es zu Hause doch am besten ist, und kehrt zu Mecki-Mami zurück. Sie müssen sich ein wenig anstrengen, Herr. Fast alle für Kinder geeigneten Tiere sind bereits aufgebraucht.«
»Auch die Bären?«
»Das will ich meinen. Vor einem Monat begann unsere neue Serie ›Tommy, der Eisbär‹. Tommy brennt von zu Hause durch, erklettert einen Fahnenmast, erlebt alle möglichen Abenteuer, kommt dahinter, daß es zu Hause doch am besten ist, und kehrt zu Brummi-Papi zurück. Alles schon dagewesen. Hunde, Katzen, Bären, Ziegen, Kühe, Schmetterlinge, Zebras, Antilopen...«
»Auch Hyänen?«
»Auch Hyänen. ›Helga das Hyänenkind im Untergrund.‹ Sieben Auflagen.«
»Helga brennt durch?«
»Sie erklettert in der Wüste heimlich einen Jeep und macht sich aus dem Sand. Fällt Ihnen denn gar nichts Neues ein?«

»Ameisen!«
»Das ist gerade jetzt unser Bestseller. ›Amos Ameis in Tel Aviv.‹ Er brennt von zu Hause durch...«
»Fledermäuse?«
»›Fifi die Fledermaus und ihre vierzig Verehrer.‹ Die Abenteuer einer kleinen Fledermaus, die ihre Eltern verläßt und –«
»Und zurückkehrt?«
»Natürlich. Auf einem Jeep.«
Der Verleger erhob sich und begann sein Lager zu durchstöbern.
»Es gibt kaum noch ein freies Tier«, murmelte er. »Hier bitte: ›Felix der Falke bei den Olympischen Spielen‹ ... ›Schnurrdiburr die Hummel, die sich für eine Biene hielt‹ ... ›Koko die Klapperschlange‹ ...«
»Ich hab's! Regenwurm!«
»Siebzehn Auflagen. ›Rainer der Regenwurm auf hoher See.‹ Er geht an Bord eines Frachters –«
»Wie macht er das?«
»Er versteckt sich in einer Ladung von Jeeps.«
»Hm. Dann bleiben nur noch die Flöhe.«
»›Balduin der Bettfloh auf Wanderschaft.‹ Unsere nächste Neuerscheinung. Balduin entspringt seinen Eltern –«
»Auf einem Jeep.«

»Wieso wissen Sie das? Dort freundet er sich mit Mizzi der Moskitodame an, die von zu Hause durchgebrannt ist. Aber das geht dann schon in eine andere Serie über.«
»Karpfen?«
»›Karl der Karpfen bei den Fallschirmjägern.‹«
»Austern?«
»›Aurelia die Auster und ihr Zwillingsbruder August.‹ Sie verlassen ihre Schale, aber nach einiger Zeit kehren sie zurück, weil sie –«
»Schon gut. Wie wär's mit einem Tiefseeschwamm?«
»Tiefseeschwamm... warten Sie... nein, das hatten wir noch nicht.« Das Anlitz meines Verlegers erhellte sich hoffnungsfroh. »Gut, machen Sie's. Aber Sie müssen sich beeilen, sonst schnappt's uns jemand weg.«
»Keine Sorge«, beruhigte ich ihn. »Ich fange sofort an. Lassen Sie den Schutzumschlag entwerfen: ›Theobald der Tiefseeschwamm geht in die Stadt.‹«
Ich eilte nach Hause, die wilden Anfeuerungsrufe meines Verlegers im Rücken.
Heute habe ich den ersten Band der neuen Serie beendet. Eine großartige Handlung, voll von Überraschungen. Theobald reißt sich vom Elternhaus los, um in Jerusalem die Laufbahn eines Badeschwamms zu ergreifen. Im näch-

sten Band wird er nach Hause zurückkehren. Wahrscheinlich auf einem Jeep.

HERKULES
und die sieben Kätzchen

Wenn Tante Ilka mit einem Korb in der Hand auf der Schwelle unseres Hauses erscheint, muß man sich auf etwas gefaßt machen. Und da hatte sie uns auch schon an ihren Busen gedrückt.

»Ihr meine lieben, lieben Kinder!« sagte sie mit vor Rührung halb erstickter Stimme. »Wie lieb von Euch, an meinen Geburtstag zu denken! So einen süßen Brief habt ihr mir geschrieben! Ihr seid schrecklich lieb zu eurer alten Tante!«

Wir wußten nicht, was wir sagen sollten. Ich meinerseits war ganz sicher, in der letzten Zeit keinen Brief geschrieben zu haben, geschweige denn einen süßen, und die ratlosen Blicke der besten Ehefrau von allen gaben mir zu verstehen, daß es sich bei ihr nicht anders verhielt.

»Schon gut, Tante«, murmelten wir einigermaßen verlegen. »Es ist nicht der Rede wert.«

Aber Tante Ilka blieb weich:

»Nein, nein, nein. Ihr habt mich so glücklich gemacht, daß ich mich unbedingt erkenntlich zeigen muß.«

»Keine Ursache, Tante. Wirklich keine Ursache.«
»Natürlich kann sich eine alte, alleinstehende Frau wie ich keine kostbaren Geschenke leisten. Aber das hier wird euch sicherlich freuen.«
Und Tante Ilka zog aus ihrem Korb ein kleines, flaumiges Etwas hervor.
Eine junge Katze.
Wir standen da wie Lots Weib im Augenblick ihrer Salzwerdung. Eine Tafel Schokolade in Geschenkpackung – schön. Auch ein Erinnerungsalbum »Sadat in Jerusalem« hätten wir hingenommen. Aber eine Katze? Wer braucht Katzen? Wir hatten nicht die Absicht, einen Zoo einzurichten, und kein Bedürfnis nach einem noch so herzigen Kätzchen.
»Nein, Tante Ilka«, sagte ich mit aller mir zu Gebote stehenden Entschiedenheit. »Wir können dieses Geschenk nicht annehmen. Es ist zu wertvoll.«
Nichts half. Tante Ilka bestand auf ihrem Opfer. Sie hatte sich vorgenommen, uns eine Freude zu machen – und wir mußten sie uns machen lassen, ob es uns freuen würde oder nicht.
Seufzend gaben wir nach und erkundigten uns mit geheucheltem Interesse nach Alter und Geschlecht der Schenkung. Männlichen

Geschlechts, lautete die Antwort. Eine Woche alt. Hört auf den Namen Herkules.
Fortan gehörte Herkules unserem Haushalt an, wuchs und gedieh und erwies sich im übrigen als ein ungemein menschenfreundliches Tier. Es gab keinen Schoß im ganzen Haus, auf den er nicht sofort gesprungen wäre, wohlig schnurrend und mit seinem Dasein sichtlich zufrieden. Mäuse zu fangen, angeblich eine natürliche Beschäftigung des Katzengeschlechts, fiel unserem Herkules nicht ein. Als wir ihm einmal eine lebende Maus in die Milchschüssel setzten, erlitt er einen Nervenzusammenbruch und verkroch sich unterm Bett. Er war offenbar keine Wildkatze.
Und noch etwas anderes war er nicht.
»Wir überfüttern das Tier«, stellte ich fest. »Herkules wird zu dick.«
Die beste Ehefrau von allen stimmte mir bei und setzte ihn auf strenge Diät, hatte aber keinen Erfolg damit.
»Um Himmels willen!« rief sie ein paar Tage später aus. »Herkules kriegt Junge!«
Er war, entgegen der Auskunft Tante Ilkas, kein Kater, sondern im Gegenteil und schwanger.
Damit weckte er nun freilich die Muttergefühle meiner Gattin. Sie begann den fetten Transvestiten zu hegen und zu pflegen, umgab ihn mit

weichem Linnen, übersiedelte seinen Wohnkorb in die Küche, damit er's schön warm hätte, und sah dem freudigen Ereignis mit zärtlicher Anteilnahme entgegen.
»Wir werden zwei süße kleine Kätzchen haben...« flüsterte sie. »Ein weißes und ein geflecktes...«
Eines Morgens, als wir in die Küche kamen, war das freudige Ereignis eingetreten, und zwar dergestalt, daß wir beinahe in Ohnmacht fielen.
Herkules hatte sieben Junge geworfen.
Es waren süße kleine Kätzchen, das ließ sich nicht leugnen, manche weiß und manche gefleckt und zahlreich wie der Sand am Meer, und was sollten wir mit sieben kleinen Kätzchen anfangen? Ertränken? Das brächten wir nicht übers Herz. Behalten? Das auch nicht. Also was?
Da hatte ich einen genialen Einfall:
»Wir werden sie verschenken!«
»Ja, aber mit welcher Begründung?« fragte besorgt die beste Ehefrau von allen.
»Mit irgendeiner. Als Dank für einen Geburtstagsbrief oder so.«
Tags darauf erschienen wir beim Ehepaar Paschut, einen Korb in Händen, bedankten uns überschwenglich für all die vielen Freundlichkeiten, die Frau Paschut uns erwiesen hatte,

und händigten ihr ein neugeborenes Kätzchen ein.
»Nein«, stieß Frau Paschut hervor. »Wie komm' ich dazu ... Danke ... Ich will nicht ...« Ihr Protest stieß auf taube Ohren. Wir informierten Frau Paschut, daß es ein männliches Kätzchen namens Romeo war, und empfahlen uns hastig.

Noch am gleichen Abend hörten wir an unserer Wohnungstüre ein leises Kratzen. Draußen stand Mutter Herkules und hielt Klein-Romeo zwischen den Zähnen. Mit jenem untrüglichen Instinkt, den Katzen nun einmal ihr eigen nennen, hatte sie ihr Kleines aufgespürt und zurückgebracht, so daß sich in unserem Haus wieder sieben junge Kätzchen befanden.
Am nächsten Tag ergriff ich das kräftigste von ihnen, bestieg einen städtischen Autobus und verließ ihn ohne Kätzchen.
Da waren's nur noch sechs.
Dabei blieb es zwei Tage lang. Dann vernahm ich aus der Küche die Stimme meiner Frau. Sie zählte.
»Eins – zwei – drei – vier – fünf – sechs – sieben«, zählte sie.
Ich erbleichte. Was immer man dem Mutterinstinkt einer Katze zutrauen mochte – das ging zu weit. Die Paschuts wohnten schließlich ganz

in unserer Nähe. Aber daß eine Katze zur Autobuszentrale ging und aus dem Fundbüro ihr verlorenes Kind abholte – nein, so etwas gab es nicht.
Es lag auch nichts dergleichen vor. Ein Blick in die Katzenwiege belehrte mich, daß es sich bei dem siebenten Baby um ein Findelkind handelte, um einen schokoladebraunen Stiefsohn. Offenbar hatte sich Herkules ein Beispiel an der siegreichen Roten Armee genommen, der die Identität ihrer Gefangenen völlig gleichgültig ist, wenn nur die Anzahl stimmt. Entwischt ein Gefangener – macht nichts, dann schnappt man eben den nächstbesten Fußgänger, der des Weges kommt, und die Liste ist wieder aufgefüllt...

Die sieben Kätzchen wuchsen mit unglaublicher Schnelligkeit heran und terrorisierten das ganze Haus. Man konnte sich nirgends hinsetzen, ohne daß von unterhalb ein schriller Schmerzenslaut ertönte. Das brachte mich abermals auf einen genialen Einfall: »Wir werden der Tante Ilka zum Zeichen unserer Liebe und Dankbarkeit das Geschenk zurückbringen!«
»Die komplette Garnitur?«
»Nein. Nur Herkules.«
Und so geschah es. Wir gratulierten Tante Ilka

zur Genesung, von der sie nichts wußte, umarmten sie stürmisch und übergaben ihr den stattlichen Kater Herkules, den sie noch gekannt hatte, als er *so* klein war. Ich schilderte in bewegten Worten, wie sehr sich Herkules nach ihr gesehnt und wie er sich buchstäblich das Herz aus dem Leib miaut hatte. Herkules sprang denn auch prompt auf Tante Ilkas Schoß, wo er wohlig zu schnurren begann. Tante Ilka schmolz. Wir standen noch ein paar Sekunden gerührt daneben und entfernten uns winkend.

Donnerstag verschwanden zwei von den sieben Kätzchen, Freitag drei, Sonntag war keines mehr da. Herkules hatte sie alle abgeholt. So triumphierte wieder einmal menschlicher Erfindungsgeist über die rohen Kräfte der Natur.

Erholung im KIBBUZ

Alljährlich, wenn der Frühling kommt und das Pessachfest bevorsteht, wird mir klar, daß es keine Rettung vor den Mazzes gibt – außer im Kibbuz. Ehefrauen und Zahnärzte empfehlen den Kibbuz als ideale Erholung von den täglichen Bröseln, als einzigen Ort, wo es dem geplagten Städter vergönnt ist, am Busen der Natur zu ruhen, Milch aus einwandfreier Quelle zu beziehen und in Schlomohs Arme zu fallen. Schlomoh ist irgendwie verwandt mit mir, ein Gliedcousin oder etwas Ähnliches, aber auch wenn er nicht mit mir verwandt wäre, würde ich ihn zu Pessach besuchen. Er hat mich nicht besonders gern, wahrscheinlich deshalb, weil ich immer dann auftauche, wenn der Kibbuz von Verwandten, Bekannten, Freunden und sonstigen Gästen der Kibbuzniks überfüllt ist. Um die Wahrheit zu sagen: Auch ich kann Schlomoh nicht leiden, und manchmal frage ich mich, wie ein solcher Mensch überhaupt in unsere Familie gekommen ist.
Heuer, wie schon angedeutet, besuchte ich

Schlomoh abermals zu Pessach im Kibbuz. Ich fand ihn in der Küche hinter einer Säule von schmutzigen Tellern und wurde von ihm mit herzlichem Widerwillen begrüßt:
»Tut mir leid – ich habe noch mindestens sechs Stunden hier zu tun. Schau dir inzwischen die Farm an. Wir haben ein neues Kalb bekommen.«
Das interessierte mich sehr, denn mir geht nichts über ein zartes Schnitzel.
Auf dem Weg zu den Stallungen traf ich einen von Schlomohs Freunden.
»Ist es nicht zu heiß zum Herumlaufen?« fragte er. »Warum nimmst du dir nicht einen Esel und reitest ein wenig?«
»Genosse«, antwortete ich, »ich bin ein Intellektueller.«
»Macht nichts. Wir haben ein paar sehr sanfte Esel. Der dort, mit dem weißen Fleck auf der Stirne...«
Und schon rief er den in unserer nächsten Nähe grasenden Meister Langohr heran:
»He, Tzuki! Komm her, Tzuki! He! Schön herkommen, Tzuki! Komm her! Rock-rock-rock...!«
Ich wollte wissen, was Rock-rock-rock zu bedeuten hatte.
»Es ist ein Lockruf, den die Esel gerne hören. Sie reagieren sofort. He, Tzuki! Rock-rock-rock!

Also komm schon, Tzuki! He! Na, so komm doch! Tzuki! Rock-rock-rock...!«
Tzuki stand unbeweglich und glotzte uns an. Nach einer Weile drehte er sich zur Seite und verzehrte einige Disteln.
»Ich hab's eilig« sagte Schlomohs Freund. »Du kannst ruhig auf ihm reiten. Ist ja nicht schwer.«
Er gab mir noch rasch ein paar Tips, wie ich aufsteigen und den Esel behandeln sollte. Als Zurufe empfahl er »Hopp!« fürs Traben, »Woah!« zur Beschleunigung, »Ho!« zum Bremsen und »Brrr!« zum Stehenbleiben. Dann brach er von einem Strauch eine Reitgerte für mich ab und entfernte sich in die pastorale Kulisse.
Ich empfand seine Anweisungen als überflüssig. Kraft meiner Intelligenz wußte ich mit Tieren mindestens ebensogut umzugehen wie diese primitiven Kibbuzniks. Ruhig und gelassen, ohne jedes He oder Hopp, trat ich an Tzuki heran und ergriff den Strick, den er um den Hals trug.
»Rock«, sagte ich, »Rock, rock und nochmals rock.«
Das war alles, was ich sagte. Kein Wort mehr. Tzuki verhielt sich ruhig und spitzte eines seiner Ohren, als spürte er die Autorität, die von mir ausging. Ich schwang mich mühelos auf

seinen Rücken und saß im nicht vorhandenen Sattel wie der Sohn eines Beduinenscheichs, und zwar wie jener Sohn, der in der Stadt aufgewachsen ist; vielleicht hat er auch die Universität besucht.

»Und jetzt«, wandte ich mich an Tzuki, »wollen wir ein wenig traben, mein Junge.«

Sofort senkte Tzuki den Kopf und begann Gras zu fressen.

»Hopp!« sagte ich etwas deutlicher. »Heia-hopp!«

Tzuki rührte sich nicht. Offenbar hatte er sich mit meiner Gegenwart noch nicht angefreundet. Aber das sollte mich zu keiner voreiligen Handlung veranlassen. Ich klopfte mit leichter Hand auf seine Flanke, um ihm in Erinnerung zu rufen, daß ich auf ihm saß und reiten wollte. Tzuki stand da und wartete.

»Hopp-hopp«, bemerkte ich abermals.

Tzukis anhaltende Reglosigkeit konnte mich nicht an der Gewißheit irremachen, daß ich ihn früher oder später durch gutes Zureden in Gang setzen würde. Ich schnalzte ihm ein paarmal die Reitgerte um die Ohren und rief:

»Rock! Hopp! Woah! Hopp Tzuki!«

Nichts geschah. Auch daß ich ihm den Schuhabsatz mehrmals in den Bauch stieß, fruchtete nichts. Als nächstes versuchte ich es mit einem rechten Schwinger gegen sein Maul. Als näch-

stes mit ein paar weiteren Fußtritten. Als nächstes legte ich eine kleine Ruhepause ein. Dazu war ich ja schließlich hergekommen: um mich auszuruhen.
Unterdessen hatte sich Tzuki an den in seiner Reichweite befindlichen Gräsern und Pflanzen gütlich getan.
Ich bog meine Reitgerte zurecht und bohrte sie in seinen Hintern:
»Woah!« brüllte ich. »Heiho! Rock-rock! Rühr dich schon endlich, du Vieh!«
Dann stieg ich ab. Genaugenommen, stieg nicht ich ab, sondern wurde abgeworfen. Tzuki hatte sein Hinterteil in einem Winkel von 45 Grad ruckartig erhoben, und ich wollte mich in der Luft auf keinen Kampf mit ihm einlassen. Erst als ich wieder fest auf den Beinen stand, ergriff ich den Strick und schwang mich abermals auf seinen Rücken, energischer als zuvor und mit keuchendem Atem. Es ging jetzt nicht länger um einen Vergnügungsritt, verbunden mit einer Besichtigung der Kibbuz-Farm. Es ging um meine Selbstbehauptung. Er oder ich. Einer von uns beiden war hier überflüssig.
»Tzuki hopp, Tzuki he, Tzuki woah!« Meine Stimme erreichte eine Lautstärke, die ich mir niemals zugetraut hätte. Nicht einmal das Klatschen der Reitgerte konnte sie übertönen.
»Heia, Tzuki! Hopp! Woah! Brr! Rock-rock!

Rühr dich! Peng! Plopp! Vorwärts wups! Tzuki! Grumpf! Grapsch! Kripp-kripp! Hopp-hopp! Woah! Boah! Buh! Burr-burr-burr...!«
All diese mannigfachen Ermunterungsrufe, manche davon noch Urlaute aus prähistorischen Zeiten, gingen spurlos an Tzukis idiotisch langen Ohren vorüber. Tzuki graste ruhig weiter. Er schien nicht den Eindruck zu haben, daß etwas Ungewöhnliches vorging.
»Tzuki«, flüsterte ich, »ich bitte dich, Tzuki...«
Seit Jahren hatte ich mich nicht so erschöpft gefühlt. Selbst zum Absteigen war ich zu müde. Die Abenddämmerung setzte ein. Ich haßte Schlomoh aus ganzer Seele. Ein Traktor rumpelte zur Nachtarbeit aufs Feld.
»Hallo!« rief der Fahrer. »Was machst du auf dem Esel?«
»Ich bin unterwegs zum Stall. Warum?«
»Warte, ich komm schon.«
Der Fahrer sprang ab, befestigte Tzukis Strick an seinem Traktor, stieg auf und gab Gas. Unter ohrenbetäubendem Getöse setzte sich der Traktor in Bewegung. Der Strick straffte sich.
Tzuki graste ungestört weiter. Der Fahrer drückte das Gaspedal so tief durch, wie es sich drücken ließ, so tief, daß der Strick, ein heimisches Erzeugnis, entzweiriß.
Daraufhin begann der Fahrer in einer mir unbekannten slawischen Sprache zu fluchen, ver-

schwand und kam mit einer Eisenkette zurück. Es war klar, daß auch er in Tzuki die Herausforderung seines Lebens erblickte.

Das Stahlmonstrum heulte auf, die Erde erbebte, die Räder kreischten, die Eisenkette ächzte und... und Tzuki setzte sich in Bewegung! Mit mir auf dem Rücken! »Hopp, Tzuki!« rief ich in trunkener Ekstase. »Woah! Rock-rock! Bumm-bumm!«

Ich fühlte mich versucht, in einen Cowboy-Song auszubrechen, aber da waren wir schon beim Stall angelangt. Diesmal hatte technisches Können die wilden Kräfte der Natur gezähmt.

Zwinji, ein Wechselbalg aus der mongolischen Steppe, wurde eines frostigen Morgens in meinem damals noch sehr gepflegten Garten von mir entdeckt. Es mochte etwa fünf Uhr sein, eine Zeit, zu der die meisten Menschen noch schlafen – mit Ausnahme der Politiker, die sehr früh aufstehen müssen, sonst dreht sich das Rad der Geschichte nicht weiter. Um diese trübe Morgenstunde also hörte ich draußen vor dem Fenster ein leises, verzweifeltes Winseln. Ich zog die Vorhänge beiseite und blinzelte mit schlafverhangenen Augen hinaus. In der Mitte meines – ich wiederhole: damals sehr gepflegten – Gartens sah ich ein sehr kleines Hündchen, das mit sehr kleinen Pfötchen den Garten umgrub und mit sehr großem Appetit das umstehende Gras verzehrte. Das Hündchen war nicht nur sehr klein und sehr weiß, es war auch von sehr unbestimmbarer Rasse und völlig außerstande, seine vier Beine miteinander zu koordinieren.
Ich wollte die Vorhänge wieder zuziehen, um mich ins warme Bettchen zurückzubegeben,

aber da war die beste Ehefrau von allen schon aufgewacht und fragte:
»Was ist los?«
»Junges vom Hund«, antwortete ich mißmutig.
»Lebt es?«
»Ja.«
»Dann laß es herein.«
Ich öffnete die Tür zum Garten. Das sehr junge Hündchen trottete in unser Schlafzimmer und pinkelte auf den roten Teppich.
An dieser Stelle möchte ich bemerken, daß ich meine Teppiche nur ungern anpinkeln lasse. Deshalb ergriff ich das kleine weiße Bündel und setzte es im Garten wieder ab. Meine stille Hoffnung war, daß Er, der die Vögel des Waldes ernährt, sich auch um die Hündchen des Gartens kümmern würde.
Er kümmerte sich nicht. Vielmehr stimmte das Hündchen ein druchdringendes Jaulen und Jammern an, was zur Folge hatte, daß aus dem Nachbarhaus Frau Kaminski im Morgenrock herbeigeeilt kam. Nun ist Frau Kaminski im Morgenrock kein besonders schöner Anblick, und was sie uns zu sagen hatte, war auch nicht besonders schön. Das änderte sich jedoch, als ihr Blick auf die Ursache des morgendlichen Lärms gefallen war. In wohlgesetzter Rede versuchte Frau Kaminski uns zu überzeugen, daß wir die kleine Waise unbedingt adoptieren

müßten. Sie versäumte nicht, auf die wenig bekannte Tatsache hinzuweisen, daß der Hund ein treues Tier sei, und nicht nur treu, sondern auch klug und reinlich. Man könnte, wie Frau Kaminski ruhig sagte, ruhig sagen: der Hund ist der beste Freund des Menschen; abgesehen vielleicht von der Regierung.
»Wenn das alles so ist, Frau Kaminski«, erlaubte ich mir einzuwerfen, »warum adoptieren Sie den kleinen Hund nicht selbst?«
»Bin ich meschugge?« replizierte die Hundeliebhaberin. »Als ob ich nicht schon genug Sorgen hätte.«
So kam es, daß wir das sehr kleine, sehr junge Hündchen adoptierten. Ein sofort einberufener Familienrat beschloß nach lebhafter Debatte zwischen meiner Frau und mir, dem sehr jungen, sehr kleinen Hündchen den Namen Zwinji zu geben, wegen seiner gesprenkelten Ohren, oder weil es irgendwie nach mongolischer Steppe klang, oder vielleicht aus anderen Gründen, ich erinnere mich nicht mehr.
Zwinji fühlte sich bei uns alsbald wie zu Hause und stahl sich in unsere Herzen. Er war leicht zu verköstigen, weil er alles fraß, was in seine Reichweite kam, Knöpfe, Spagat, Armbanduhren, alles mögliche. Auch liebte er es, kleinere Kadaver aus Nachbars Garten in den unseren zu tragen. Er war uns in rührender Anhänglich-

keit zugetan und wedelte mit seinem kurzen Schweifchen vor lauter Freude jedesmal, wenn wir ihn riefen, vorausgesetzt, daß er in unserer Hand eine ungarische Salami sah. In erstaunlich kurzer Zeit hatte ich ihm beigebracht, meinen Befehlen zu gehorchen. Dafür nur einige Beispiele:
»Sitz!« (Zwinji spitzt die Ohren und leckt mein Gesicht.)
»Spring!« (Zwinji kratzt sich den Bauch.)
»Gib's Pfötchen!« (Zwinji rührt sich nicht.)
Ich könnte noch eine ganze Reihe weiterer Beispiele anführen, aber schon aus den bisherigen geht hervor, daß Zwinji kein blödsinnig dressierter, serviler, mechanisch gehorchender Hund war, sondern ein unabhängiges, selbständig denkendes Lebewesen.
Nur schade, daß er immer auf den Teppich pinkelte.
Er pinkelte immer, und nur auf den Teppich. Warum? Ich weiß es nicht. Nach den Erkenntnissen der neueren Tiefenpsychologie wäre anzunehmen, daß diese unglückselige Gewohnheit auf ein traumatisches Kindheitserlebnis zurückginge oder auf etwas noch Früheres. Vielleicht ist Zwinji in einem Mohnfeld auf die Welt gekommen und muß deshalb pinkeln, sobald er einen roten Teppich sieht, für den ich ein Vermögen gezahlt habe. Im übrigen bleiben

die Ursachen unwesentlich und die Flecken bleiben Flecken.

Ich wollte mich mit Zwinjis sonderbaren Pinkelgewohnheiten nicht abfinden und begann mein wohldurchdachtes Erziehungswerk:

»Es ist verboten, auf den Teppich zu pinkeln«, sagte ich ihm langsam und deutlich, mit lehrhaft erhobenem Finger. »Verboten, hörst du? Verboten! Pfui!« Und nach jedem Zuwiderhandeln wurde meine Stimme strenger und mein Finger erhobener. Andererseits überschüttete ich ihn mit Lob, Liebkosungen und Leckerbissen, wenn er sein Geschäft einmal irrtümlich im Ziergarten vollzog, der auch damals noch einigermaßen gepflegt aussah und erst nach und nach, unter der Einwirkung von Zwinjis kräftig wachsenden Zähnen, zu verwildern begann.

Wahrscheinlich zog Zwinji aus meinem abwechslungsreichen Verhalten den Schluß, daß diese zweibeinigen, bald wütenden und bald zärtlichen Geschöpfe, mit denen er's zu tun hatte, sehr launenhaft sein müßten... Wer kennt sich mit den Menschen schon aus.

Da Zwinji nicht imstande war, die primitivsten Gesetze der Hygiene zu begreifen und zu befolgen, mußte ich mir immer neue, immer raffiniertere Erziehungsmaßnahmen einfallen lassen. Ich legte mir eine Art Eskalation zurecht. Als erstes würde ich ihn daran gewöhnen,

nicht auf rote Teppiche zu pinkeln, sondern auf andersfarbige, und dann würde ich ihn aus dem Haus locken, so daß er sein Bedürfnis im Freien verrichten könnte, vorzugsweise in den benachbarten Gärten.
Mit diesem Ziel vor Augen bedeckte ich unseren roten Teppich mit einem grauen und stellte für jedes graue Pipi eine Bratwurst als Prämie bereit.
Nach etwa zwei Wochen, in denen Zwinji sich an den grauen Teppich gewöhnt hatte, legte ich den roten wieder bloß. Zwinji, der sich gerade im Garten befand, kam freudig bellend herbeigesaust und pinkelte auf den roten Teppich.
Hunde sind bekanntlich treu.
Natürlich war mein Vorrat an Pädagogik noch lange nicht erschöpft.
Ich beschloß, in Zwinjis Herzen die Liebe zur Natur zu wecken, kaufte eine lange, grüne Leine und ging mit ihm allnächtlich nach Petach-Tikvah. Ein schöner Spaziergang durch eine schöne Gegend, zumal im Mondschein. Zwinji bewahrte während des ganzen Wegs bewundernswerte Zurückhaltung. Erst kurz vor unserem Haus wurde er unruhig, und kaum hatte ich die Tür geöffnet, machte er einen Satz auf den roten Teppich, wo er sofort in Aktion trat.
Mit der Zeit begann ich mich zu fragen, warum

das alles denn sein müßte und warum ich's mir eigentlich gefallen ließ.

Ich brachte das Problem auch meiner Frau gegenüber zur Sprache. Sie verwies mich auf den französischen Philosophen Rousseau, der bekanntlich die These aufgestellt hat, daß alles, was natürlich ist, auch schön sei. Mit anderen Worten: es war natürlich, daß Zwinji immer nur auf den Teppich pinkelte.

Was aber tat die Natur in ihrer grenzenlosen Weisheit?

Eines Morgens, als Frau Kaminski wieder einmal mit einigen Knochen für den Hund herüberkam, erzählte ich ihr von Zwinjis hygienischen Schwierigkeiten und bekam folgendes von ihr zu hören:

»Weil Sie ihn schlecht erzogen haben. Weil Sie nicht wissen, wie man mit Hunden umgeht. Weil Sie ihn falsch behandeln. Sie müssen jedesmal, wenn er den roten Teppich benützt, müssen Sie ihm jedesmal die Schnauze hineinstecken, dann müssen Sie ihm einen Klaps geben und ihn zum Fenster hinauswerfen. So macht man das.«

Obwohl ich kein Freund körperlicher Züchtigung bin, machte ich es so. Zwinji kam, sah und pinkelte – ich steckte seine Schnauze hinein, gab ihm einen Klaps und warf ihn zum Fenster hinaus. Die Prozedur wiederholte sich mehrmals am Tag, aber ich ließ nicht locker. Es war mein Lebensehrgeiz geworden, Zwinji seine schlechten Pinkelsitten abzugewöhnen.

Langsam, sehr langsam, begannen sich die Früchte meiner Geduld zu zeigen. Zwinji hat sich doch manches gemerkt und manches abgewöhnt. Ich stelle das nicht ohne Genugtuung fest.

Gewiß, er pinkelt noch immer auf den roten Teppich – aber nachher springt er ganz von selbst aus dem Fenster, ohne die geringste Hilfe von meiner Seite, und wartet draußen auf mein Lob und meine Leckerbissen.

Immerhin ein Teilerfolg.

ELEFANTIASIS

Das Parlament trat zu einer außerordentlichen Sitzung zusammen. Gegenstand der hitzigen Debatte war, wie könnte es anders sein, die alle olympischen Rekorde brechende Inflation.
»Jetzt«, bemerkte Frau Kalaniot, »wäre eine gute Zeit, Elefanten zu kaufen.«
»Warum gerade jetzt?« fragte ich.
»Weil«, antwortete Frau Kalaniot, »der Preis noch unverändert ist. Sechs Pfund das Kilo, dazu 72% Umsatzsteuer und 85% Zoll. Wenn ich Geld hätte, würde ich sofort einen Elefanten kaufen.«
Ich versuchte zu widersprechen, aber Felix Seelig fiel mir ins Wort:
»Und dann wundert man sich, warum die Nachfrage nach Elefanten den Lebenskosten-Index derart in die Höhe treibt. Nur weil das Kilo Elefant noch immer so viel kostet wie vor der Abwertung, müssen wir über kurz oder lang für alles andere doppelt soviel bezahlen.«
Ziegler stieß ein gellendes Lachen aus:

»Elefanten kaufen! Was für ein Unsinn. Wirklich, Kinder, manchmal habe ich das Gefühl, daß ihr alle verrückt seid. Elefanten! Welcher vernünftige Mensch kauft heute irgend etwas, das nicht aus einem der Länder mit harter Währung kommt? Die Elefanten sind bekanntlich nicht mit der Dollarzone assoziiert, und deshalb besteht keine Aussicht, daß ihr Preis jemals steigen wird.«
»Und wenn er trotzdem steigt?« fragte ich.
»Man muß bedenken, daß ein Elefant nur so lange eine günstige Investition darstellt, als er wenig kostet. Wenn er teurer wird, ist er wertlos, weil man ihn nicht mehr verkaufen kann, sobald keine Aussicht besteht, daß sein Preis steigen wird.«
Ich hatte das Gefühl, daß man meine lichtvollen Ausführungen nicht ganz verstand. Die Runde zerstreute sich.
Zu Hause berichtete ich meiner Frau über das Elefantenproblem.
»Kaufen wir einen«, sagte sie. »Nur um sicherzugehen.«
Ich suchte Lubliners Tierhandlung auf und verlangte einen Elefanten.
»Ausverkauft«, antwortete Lubliner, ohne mit der Wimper zu zucken.
Ich ließ mich nicht so leicht abweisen und hielt unauffällig Nachschau. Richtig: in einer dunk-

len Ecke, hinter einem Papageienkäfig, stand ein Elefant.
»Und was ist das?« fragte ich anzüglich.
Lubliner errötete und versuchte sich darauf auszureden, daß es zu seinen Geschäftsprinzipien gehörte, immer mindestens ein Exemplar von jeder Gattung verfügbar zu haben.
»Wenn ich heute verkaufe – wer weiß, was ich morgen für die Nachlieferung zahlen muß. Zwei Elefanten warten auf mich unter Zollverschluß und ich kann sie nicht herausbekommen. Die Regierung verlangt einen Zollzuschlag, weil der Elefantenpreis in die Höhe gehen wird, wenn sie einen Zollzuschlag verlangt.«
Ich verließ Lubliner mit leeren Händen. Offen gestanden: es tat mir nicht besonders leid. Ich habe bisher ohne einen Elefanten gelebt und werde auch weiter ohne einen Elefanten leben können.
Und was sehe ich plötzlich in einer Seitenstraße des Rothschild-Boulevards? Wer kommt mir da entgegen? Ziegler mit einem Elefanten an der Leine.
Ich trete auf ihn zu:
»Woher hast du den Elefanten?« frage ich.
»Welchen Elefanten?« fragt Ziegler.
»Den hinter dir.«
»Ach, den.« Ziegler beginnt zu stottern. »Der

gehört nicht mir. Mein Cousin ist auf Waffenübung und hat mich gebeten, das arme Tier spazierenzuführen.«
Das klang höchst unglaubwürdig. Seit wann führt man einen Elefanten spazieren? Ein Elefant ist ja kein Hund.
Die beste Ehefrau von allen war der gleichen Ansicht, als ich ihr davon erzählte.
»Auch bei uns im Haus stimmt etwas nicht«, fügt sie hinzu. »Seit gestern höre ich aus der Wohnung der Kalaniots ein merkwürdiges Geräusch. Klingt wie Trompeten. Die haben sicherlich in der Zeitung gelesen, daß die Einfuhrgebühr für Elefanten erhöht werden soll.«
Ich nickte betreten und betrübt. Es ist nicht angenehm zu wissen, daß jedermann im Umkreis etwas unternimmt, und nur man selbst steht da und läßt sich von der Entwicklung überrennen.
In der Nacht hörten wir gedämpftes Trampeln im Treppenhaus. Wir lugten durch den Gucker: Erna Seelig und ihr Mann stiegen auf Zehenspitzen zu ihrer Wohnung hinauf, zwei Elefanten im Schlepptau.
Als wir am nächsten Morgen die Zeitung öffneten, wurde uns alles klar: »Regierung untersucht Preiskartellbildung für Elefantenstoßzähne«, lautete eine balkendicke Überschrift.

Das also war's! Die beste Ehefrau von allen nahm sich erst gar nicht die Mühe, ihren Zorn zu verhehlen.

»Geh und mach was!« rief sie mir zu. »Und daß du mir ja nicht ohne einen Elefanten nach Hause kommst! Jeder Idiot weiß, was er zu tun hat, nur du nicht...«

Gegen Abend gelang es mir tatsächlich, einen preisgünstigen Elefanten zu erstehen. Ich kaufte ihn einem Neueinwanderer ab, der noch Steuerfreiheit genoß.

Der Elefant konnte sich nur mit Mühe durch das Haustor zwängen, das in den letzten Tagen merklich niedriger geworden war. Vermutlich lag das an den Elefanten. Fast jedes Stockwerk hatte mindestens einen aufzuweisen, und alle zusammen drückten das Mauerwerk nach unten. Im übrigen mußten wir sehr behutsam vorgehen, um den Verkäufer nicht noch nachträglich zu gefährden. Neueinwanderer dürfen ihre Elefanten frühestens nach Ablauf eines Jahres verkaufen.

Wir gingen zu Bett, fröhlich wie noch nie seit der Abwertung des Israelischen Pfunds.

Am nächsten Morgen stürzte das Haus ein. Aus den Trümmern arbeiteten sich elf Elefanten hervor und rasten in wildem Galopp durch die Straßen. Die Experten behaupten, dies hätte sich vermeiden lassen,

wenn die Elefanten an die Kostensteigerungsrate gebunden wären.
Alles auf der Welt hat seinen Preis. Auch die wirtschaftliche Unabhängigkeit eines Landes.

Es war eine windige, in jeder Hinsicht unfreundliche Nacht, als ich kurz nach zwei Uhr durch ein gedämpftes Raschelgeräusch in unserem Wäscheschrank geweckt wurde. Auch meine Frau, die beste Ehefrau von allen, fuhr aus dem Schlaf empor und lauschte mit angehaltenem Atem in die Dunkelheit.
»Eine Maus«, flüsterte sie. »Wahrscheinlich aus dem Garten. Was sollen wir tun, was sollen wir tun? Um des Himmels willen, was sollen wir tun?«
»Vorläufig nichts«, antwortete ich mit der Sicherheit eines Mannes, der in jeder Situation den nötigen Überblick behält. »Vielleicht verschwindet sie aus freien Stücken.«
Sie verschwand aus freien Stücken nicht. Im Gegenteil. Das fahle Licht des Morgens entdeckte uns die Spuren ihrer subversiven Wühl- und Nagetätigkeit: zwei schwerbeschädigte Tischtücher.
»Das Biest!« rief meine Frau in unbeherrschtem Zorn. »Man muß dieses Biest vertilgen!«

In der folgenden Nacht machten wir uns an die Arbeit. Kaum hörten wir die Maus an der Holzwand des Schrankes nagen – übrigens ein merkwürdiger Geschmack für eine Maus –, als wir das Licht andrehten und zusprangen. In meiner Hand schwang ich den Besen, in den Augen meiner Gattin glomm wilder Haß.
Ich riß die Schranktür auf. Im zweiten Fach rechts unten, hinter den Bettdecken, saß zitternd das kleine graue Geschöpfchen. Es zitterte so sehr, daß auch die langen Barthaare rechts und links mitzitterten. Nur die stecknadelkopfgroßen, pechschwarzen Äuglein waren starr vor Angst.
»Ist es nicht süß«, seufzte die beste Ehefrau von allen und verbarg sich ängstlich hinter meinem Rücken. »Schau doch, wie das arme Ding sich fürchtet. Daß du dich nicht unterstehst, es zu töten! Schaff's in den Garten zurück.«
Gewohnt, den kleinen Wünschen meiner kleinen Frau nachzugeben, streckte ich die Hand aus, um das Mäuschen beim Schwänzchen zu fassen. Das Mäuschen verschwand zwischen den Bettdecken. Und während ich die Bettdecken entfernte, eine nach der andern, verschwand das Mäuschen zwischen den Tischtüchern und dann zwischen den Handtüchern. Und dann zwischen den Servietten. Und als ich

den ganzen Wäschekasten geleert hatte, saß das kleine Mäuschen unter der Couch.

»Du dummes Mäuschen du«, sagte ich mit schmeichlerischer Stimme. »Siehst du denn nicht, daß man nur dein Bestes will? Daß man dich nur in den Garten zurückbringen will? Du dumme kleine Maus?« Und ich warf mit aller Kraft den Besen nach ihr.

Nach dem dritten mißglückten Versuch zogen wir die Couch in die Mitte des Zimmers, aber Mäuschen saß da schon längst unterm Büchergestell. Dank der tatkräftigen Hilfe meiner Frau dauerte es nur eine halbe Stunde, bis wir alle Bücher aus den Regalen entfernt hatten. Das niederträchtige Nagetier lohnte unsere Mühe, indem es auf einen Fauteuil sprang und in der Polsterung verschwand. Um diese Zeit ging mein Atem bereits in schweren Stößen.

»Weh dir, wenn du ihr was tust«, warnte mich die beste Ehefrau von allen. »So ein süßes kleines Geschöpf!«

»Schon gut, schon gut«, knirschte ich, während ich das auseinandergefallene Büchergestell wieder zusammenfügte. »Aber wenn ich das Vieh erwische, übergebe ich es einem Laboratorium für Experimente am lebenden Objekt . . .«

Gegen fünf Uhr früh fielen wir im Zustand völliger geistiger und körperlicher Erschöpfung ins Bett. Mäuschen nährte sich die ganze

Nacht rechtschaffen von den Innereien unseres Fauteuils.

Ein schriller Schrei ließ mich bei Tagesanbruch aus dem Schlaf hochfahren. Meine Frau deutete mit zitterndem Finger auf unsern Fauteuil, in dessen Armlehne ein faustgroßes Loch prangte: »Das ist zuviel! Hol sofort einen Mäusevertilger!«
Ich rief eines unserer bekanntesten Mäusevertilgungsinstitute an und erzählte die Geschichte der vergangenen Nacht. Der geschäftsführende Zweite Chefingenieur ließ mich wissen, daß seine Gesellschaft keine Einzelfälle übernehme, sondern sich nur mit der Vertilgung größerer Mäusefamilien beschäftige. Da es mir unzweckmäßig erschien, bloß aus diesem Grund mehrere Generationen von Mäusen in unserem Wäscheschrank heranzuzüchten, erstand ich in einem nahegelegenen Metallwarengeschäft eine Mausefalle.
Meine Frau, eine Seele von einem Weib, protestierte zunächst gegen »das barbarische Werkzeug«, ließ sich dann aber von mir überzeugen, daß die Mausefalle ein heimisches Fabrikat war und sowieso nicht funktionieren würde. Unter der Wucht dieses Arguments fand sie sich sogar bereit, mir ein kleines Stückchen Käserinde zu überlassen. Wir stellten die Mausefalle

in einer dunklen Ecke auf und konnten überhaupt nicht einschlafen. Die Nagegeräusche in meiner Schreibtischlade störten uns zu sehr.
Plötzlich senkte sich vollkommene Stille über unser Schlafgemach. Meine Frau riß die Augen vor Entsetzen weit auf, ich aber sprang mit lautem Triumphgeheul aus dem Bett. Gleich darauf war es kein Triumphgeheul mehr, sondern ein Wehgeheul: die Falle schnappte zu, und meine große Zehe verwandelte sich mit erstaunlicher Schnelle in eine Art Fleischsalat. Sofort begann meine Frau mir kalte und warme Kompressen aufzulegen, ohne jedoch aus ihrer Erleichterung ein Hehl zu machen. Wie sich zeigte, hatte sie die ganze Zeit um das Leben Klein-Mäuschens gezittert. »Auch eine Maus«, sagte sie wörtlich, »ist ein Geschöpf Gottes und tut schließlich nur, was die Natur sie zu tun heißt.« Dann trat sie vorsichtig an die Mausefalle heran und machte die Stahlfedern unschädlich.

Was hieß die Natur das Mäuschen tun? Die Natur schickte es zu unseren Reisvorräten, die – wie ich einem morgendlichen Aufschrei meiner Gattin entnahm – vollkommen unbrauchbar geworden waren.
»Trag die Mausefalle zur Reparatur!« heischte meine Gattin.
In der Metallwarenhandlung erfuhr ich, daß

keine Ersatzteile für Mausefallen auf Lager wären. Der Geschäftsinhaber empfahl mir, eine neue Mausefalle zu kaufen, die Federn herauszunehmen und sie in die alte Mausefalle einzusetzen. Ich folgte seinem Rat, stellte das wieder instandgesetzte Mordinstrument in die Zimmerecke und markierte – ähnlich wie Hänsel und Gretel im finstern Wald – den Weg vom Kasten zur Falle mit kleinen Stückchen von Käse und Schinken aus Plastik.

Es wurde eine aufregende Nacht. Mäuschen hatte sich im Schreibtisch häuslich eingerichtet und verzehrte meine wichtigsten Manuskripte. Wenn es ab und zu eine kleine Erholungspause einlegte, hörten wir in der angespannten Stille unsere Herzen klopfen. Endlich konnte meine Frau nicht länger an sich halten:
»Wenn das arme kleine Ding in deiner Mörderfalle zugrunde geht, ist es aus zwischen uns«, schluchzte sie. »Was du da tust, ist grausam und unmenschlich.« Sie klang wie die langjährige Präsidentin des Tierschutzvereins von Askalon. »Es müßte ein Gesetz gegen Mausefallen geben. Und die süßen langen Schnurrbarthaare, die das Tierchen hat...«
»Aber es läßt uns nicht schlafen«, wandte ich ein. »Es frißt unsere Wäsche auf und meine Manuskripte.«

Meine Frau schien mich überhaupt nicht gehört zu haben:
»Vielleicht ist es ein Weibchen«, murmelte sie. »Vielleicht bekommt sie Junge...«
Das ständige Knabbern, das munter aus meiner Schreibtischlade kam, ließ nicht auf eine bevorstehende Geburt schließen.
Um es kurz zu machen: als der Morgen dämmerte, schliefen wir endlich ein, und als wir am Vormittag erwachten, herrschte vollkommene Stille. In der Zimmerecke aber, dort, wo die Mausefalle stand... dort sahen wir... im Drahtgestell... etwas Kleines... etwas Graues...
»Mörder!«
Das war alles, was meine Frau mir zu sagen hatte. Seither haben wir kein Wort mehr miteinander gesprochen. Und was noch schlimmer ist: wir können ohne das vertraute Knabbergeräusch nicht schlafen. Bekannten gegenüber ließ meine Frau durchblicken, dies sei die gerechte Strafe für meine Bestialität.
Gesucht: eine Maus.

Pedigree

Eines Abends entschied die beste Ehefrau von allen, daß unsere Kinder einen Hund haben wollen. Ich lehnte ab.
»Schon wieder?« fragte ich. »Wir haben das doch schon einmal besprochen, und ich habe schon einmal nein gesagt. Erinnere dich an unseren Zwinji, er ruhe in Frieden, und an seine Leidenschaft für den roten Teppich!«
»Aber da die Kinder so gerne –«
»Die Kinder, die Kinder. Wenn ein Hund erst einmal im Haus ist, gewöhnen wir uns an ihn und werden ihn nie wieder los.«
Eine pädagogische Fühlungnahme mit unserer Nachkommenschaft hatte wildes Geheul von seiten Amirs und Renanas zur Folge, aus dem nur die ständig wiederholten Worte »Papi« und »Hund« etwas deutlicher hervordrangen.
Infolgedessen entschloß ich mich zu einem Kompromiß.
»Schön«, sagte ich, »ich kaufe euch einen Hund. Was für einen?«
»Einen reinrassigen«, erklärte die beste Ehefrau von allen an Kindes statt. »Mit Pedigree.«

Daraus schien hervorzugehen, daß sie über den bevorstehenden Ankauf bereits unsere Nachbarn konsultiert hatte, deren reinrassige Monster mit Pedigree die Gegend unsicher machen. Jetzt erinnerte ich mich auch der mitleidigen Blicke, mit denen man mich seit einigen Tagen straßauf, straßab betrachtete.

»Ich will«, fuhr die Mutter meiner Kinder fort, »weder eines dieser unförmigen Kälber, die das ganze Haus auf den Kopf stellen, noch irgendein Miniaturerzeugnis, das eher einer Ratte ähnlich sieht als einem Hund. Außerdem müssen wir bedenken, daß junge Hunde überall hinpinkeln und alte Hunde Asthma haben. Man muß also sehr genau auf das Pedigree achten. Wir brauchen ein edel gebautes Tier, das wohltönend bellt und keinen Lärm macht. Gutgeformte Beine, glattes Fell, einfarbige Schnauze, zimmerrein, folgsam. Auf keinen Fall weiblich, weil Hündinnen alle paar Monate läufig werden. Auch männlich nicht, denn männliche Hunde sind ständig hinter den Hündinnen her. Kurzum, wir brauchen etwas Reinrassiges mit möglichst vielen Preisträgern im Stammbaum.«

»Das ist der Hund, den unsere Kinder haben wollen?« fragte ich.

»Ja«, antwortete die beste Ehefrau von allen.

Ich machte mich auf den Weg. Als ich am Postamt vorbeikam, fiel mir ein, daß ich Briefmarken brauchte. Vor mir in der Schlange stand ein Mann, der von starkem Husten geplagt wurde und sich ständig umwandte. Offenbar zog er aus meiner sorgenvollen Miene den richtigen Schluß. Er hätte ein Hündchen zu verkaufen, sagte er, wir könnten es gleich besichtigen, er wohne um die Ecke.
Im Garten seines Hauses zeigte er mir das angebotene Objekt. Es lag in einer Schuhschachtel, hatte ein lockiges Fell, krumme Beine und eine schwarze Schnauze mit rosa Punkten. Das Hündchen saugte gerade an seinem kleinen Schweif, stellte jedoch diese Tätigkeit bei meinem Anblick sofort ein, sprang bellend an mir empor und leckte meine Schuhe. Es gefiel mir auf den ersten Blick.
»Wie heißt der Hund?« fragte ich.
»Wie Sie wollen. Sie können ihn haben.«
»Ist er reinrassig?«
»Er vereinigt sogar mehrere reine Rassen in sich. Wollen Sie ihn haben oder nicht?«
Um den Mann nicht weiter zu verärgern, bejahte ich. Und der Hund gefiel mir, das habe ich ja schon gesagt.
»Wieviel kostet er?«
»Nichts. Nehmen Sie ihn nur mit.« Er wickelte das Tierchen in Zeitungspapier ein, legte es in

meinen Arm und schob uns beide zum Garten hinaus.
Schon nach wenigen Schritten gedachte ich meines Eheweibs und hielt jählings inne. Das war, so durchfuhr es mich, das war nicht ganz der Hund, über den wir gesprochen hatten. Wenn ich ihr mit diesem Hund vor die Augen trete, gibt es eine Katastrophe.
Ohne Zaudern trug ich ihn zu seinem früheren Besitzer zurück.
»Darf ich ihn später abholen?« fragte ich mit gewinnendem Lächeln. »Ich habe in der Stadt verschiedene Besorgungen zu machen und möchte ihn nicht die ganze Zeit mit mir herumschleppen.«
»Hören Sie«, antwortete der frühere Besitzer, nachdem er einen kleinen Hustenanfall überwunden hatte. »Ich zahle Ihnen gerne ein paar Pfund drauf, wenn Sie nur –«
»Nicht nötig. Das Tier gefällt mir. In ein paar Stunden bin ich wieder da, machen Sie sich keine Sorgen.«

»Nun?« fragte die beste Ehefrau von allen, »hast du etwas gefunden?«
Auf so primitive Tricks falle ich natürlich nicht hinein.
»Einen Hund kauft man nicht im Handumdrehen«, antwortete ich kühl. »Ich habe mich mit

mehreren Fachleuten beraten und mehrere Angebote erhalten, darunter einen Scotchterrier und zwei Rattler. Aber sie waren mir nicht reinrassig genug.«

Obwohl ich der Existenz reinrassiger Rattler keineswegs sicher war und mich in Sachen Reinrassigkeit überhaupt nicht gut auskenne, hatte ich meine Gattin zumindest überzeugt, daß ich nicht blindlings einkaufen würde, was man mir anbot. Sie zeigte sich beruhigt.

»Nur keine unnötige Hast«, sagte sie. »Laß dir Zeit. Wie oft im Leben kauft man schon einen Hund.«

Ich stimmte eifrig zu:

»Eben. So etwas will in Ruhe überlegt sein. Wenn es dir recht ist, möchte ich noch einigen Zeitungsannoncen nachgehen.«

Unter dieser Vorspiegelung verließ ich am folgenden Tag das Haus, begab mich an den Strand, schaukelte auf den Wellen und spielte einige Partien Tischtennis. Zu Mittag auf dem Heimweg machte ich einen raschen Besuch bei meinem Hündchen.

Sein fröhliches Bellen mischte sich reizvoll mit dem trockenen Husten seines Besitzers, der mir das Tier sofort wieder aufladen wollte. Ich wehrte ab:

»Morgen. Heute geht's nicht. Heute wird unsere ganze Familie gegen Tollwut geimpft,

und da möchte ich den Hund nicht nach Hause bringen. Morgen, spätestens übermorgen. Sie sehen, daß ich ihn haben will. Sonst wäre ich ja nicht gekommen.«
Und ich entfernte mich eilends.

»Diese Zeitungsannoncen«, erklärte ich meiner wartenden Gattin, »sind nicht einmal ihre Druckerschwärze wert. Du würdest gar nicht glauben, was für Wechselbälger man mir gezeigt hat.«
»Zum Beispiel?« Ihr Tonfall hatte etwas Inquisitorisches, als wollte sie mich in die Enge treiben. Sie vergaß, daß sie einen schöpferischen, mit Phantasie begabten Menschen vor sich hatte.
»Das Beste war noch ein Yorkshirepudel in Ramat Gan«, antwortete ich bedächtig. »Aber sein Pedigree reicht nur vier Generationen zurück. Außerdem wurde ich den Eindruck nicht los, daß er das Ergebnis einer Inzucht wäre.«
»Das ist bei Hunden nichts Außergewöhnliches«, klang es mir sarkastisch entgegen.
»Für mich kommt so etwas nicht in Frage!« Es war an der Zeit, meine Autorität hervorzukehren. »Ich, wenn du nichts dagegen hast, stelle mir unter Reinrassigkeit etwas ganz Bestimmtes vor, und dabei bleibt's. Entweder finde ich

ein wirklich aristokratisches Geschöpf, oder aus der ganzen Sache wird nichts!«
Die beste Ehefrau von allen blickte bewundernd zu mir auf, was sie schon lange nicht mehr getan hatte.
»Wie recht du doch hast«, flüsterte sie. »Ich habe dich unterschätzt. Ich dachte, du würdest den ersten besten Straßenköter nach Hause bringen, der dir über den Weg läuft.«
»Ach so?« Zornbebend fuhr ich sie an. »Jetzt sind wir zwölf Jahre verheiratet und du kennst mich noch immer nicht! Damit du's nur weißt: Morgen fahre ich nach Haifa zu Doktor Munczinger, dem bekannten Fachmann für deutsche Schäferhunde...«

Am nächsten Morgen suchte ich ohne weitere Umwege meinen Hustenfreund auf, um mit Franzi – so nannte ich das Hündchen inzwischen – ein wenig zu spielen. Franzi zerfetzte mir vor lauter Wiedersehensfreude beinahe den Anzug. Ich begann ihm einige Grundregeln der guten Hundesitten beizubringen – das Überspringen von Hürden, das Aufspüren von Verbrechern und dergleichen. Leider ließ es nicht nur Franzi an der erforderlichen Gelehrigkeit missen. Auch sein hustender Herr legte ein äußerst widerspenstiges Betragen an den Tag und drohte mir die fürchterlichsten Konse-

quenzen an, wenn ich diese verdammte Hündin auch diesmal nicht mitnähme.
»Entschuldigen Sie«, unterbrach ich sein Fluchen. »Sagten Sie Hündin?«
»Hündin«, wiederholte er, »und hinaus mit ihr.«
Der flehende Blick, mit dem Franziska mich ansah, schien zu besagen: »So nimm mich doch endlich zu dir!«
»Ich arbeite daran«, gab ich ihr mittels Augensprache zu verstehen. »Nur noch ein wenig Geduld.«

Erschöpft von den Strapazen der Autofahrt nach und von Haifa, ließ ich mich zu Hause in einen Fauteuil fallen.
»Ich war bei Doktor Munczinger. Er hat mir ein paar recht ansprechende Exemplare vorgeführt, aber es war nichts wirklich Perfektes darunter.«
»Gehst du da nicht ein wenig zu weit?« erkundigte sich die beste Ehefrau von allen. »Es gibt nichts wirklich Perfektes auf Erden.«
»Sei nicht kleinmütig, Weib!« gab ich zurück. »Ich habe mich entschlossen, ein garantiert reinrassiges Prachtstück aus einer berühmten Schweizer Zucht zu kaufen.«
»Und die Kosten?«
»Frag nicht. Faule Kompromisse sind nicht

meine Art. Es handelt sich um einen dunkelweißen Zwergschnauzer, der väterlicherseits auf Friedrich den Großen zurückgeht und mütterlicherseits auf Exzellenz von Stuckler. Ein wahrhaft adeliges Tier, mit leichter Neigung zur Farbenblindheit.«
»Großartig. Und bist du ganz sicher, daß man dich nicht betrügt?«
»Mich betrügen?! Mich?! Ich habe alles Erdenkliche vorgekehrt. Das Tier wird vom Flughafen direkt zur Prüfungsstelle gebracht, wo seine Dokumente einer eingehenden Kontrolle unterzogen werden. Dann werden sich zwei Schnauzer-Spezialisten mit ihm beschäftigen. Und wenn sein Schweif auch nur einen halben Zentimeter aufwärts deutet, geht die Sendung zurück.«
»Soviel ich weiß, sollen Hundeschweife nicht abwärts deuten...«
Es war ein zaghafter Einwand, aber er brachte mich schier zur Raserei:
»Nicht immer! Durchaus nicht immer! Es gibt Fälle, in denen das Gegenteil zutrifft. Und ein Schweizer Zwergschnauzer ist ein solcher Fall.«
Meine Worte stießen auf ein Achselzucken, das mir nicht recht behagte. Aber ich ließ mich vom nun einmal eingeschlagenen Weg nicht abbringen.

Die folgenden drei Tage waren schwierig. Das Mißtrauen meiner Gattin wuchs im gleichen Ausmaß und mit der gleichen Geschwindigkeit wie das Mißtrauen des Hunde- und Husteninhabers. Er wollte nichts davon hören, daß ich Franziskas Heimkunft auf den Geburtstag meiner kleinen Tochter abzustimmen wünschte, bezichtigte mich fauler Ausreden, erging sich in wüsten Beschimpfungen meiner Person und warf mir die arme Franzi, als ich mich indigniert entfernte, über den Gartenzaun nach. Ich streichelte sie zur Beruhigung, warf sie zurück und rannte um mein Leben.
Inzwischen hatte auch die beste Ehefrau von allen ihr Reservoir an Geduld restlos aufgebraucht. Als ich ihr verständlich zu machen suchte, daß Franziskas Autobiographie soeben vom Genealogischen Institut in Jerusalem überprüft würde, hieß sie mich einen lächerlichen Pedanten und verlangte gebieterisch, nun endlich das Ergebnis meiner langwierigen Bemühungen zu sehen.
Franzi wartete vor dem Zaun. Ihr Besitzer hatte sie zwischen zwei Hustenanfällen endgültig davongejagt. Ich kaufte ihr ein Lederhalsband mit hübscher Metallverzierung und brachte sie nach Hause, um sie meiner Familie vorzustellen:
»Franzi. Direkt aus der Schweiz.«

Es war das erstemal, daß ein reinrassiger, eigens aus dem Ausland herbeigeholter Zwergschnauzer unser Haus betrat. Die Wirkung war fulminant.

»Ein wunderschönes Tier«, säuselte die beste Ehefrau von allen. »Wirklich, es hat sich gelohnt, so lange zu warten.«

Auch die Kinder freundeten sich sofort mit Franzi an. Sie wurde im Handumdrehen zum Liebling der ganzen Familie. Und sie erwidert die Zuneigung, die man ihr entgegenbringt. Ihr Schweifchen ist pausenlos in freudiger Bewegung, aus ihren kleinen Augen funkelt unglaubliche Klugheit. Manchmal hat man das Gefühl, als würde sie in der nächsten Sekunde zu sprechen beginnen.

Ich kann nur hoffen, daß dieses Gefühl mich täuscht.

DRESSUR

Franzi hat über unseren Haushalt eine absolute Herrschaft aufgerichtet. Beim ersten Morgengrauen springt sie in unser Ehebett, leckt uns wach und beginnt hierauf an den umliegenden Gegenständen zu kauen. Ihren kleinen, spitzen Zähnchen sind bereits mehrere Hausschuhe und Bettvorleger zum Opfer gefallen, ferner ein Transistor, ein Kabel und etliche Literatur. Als sie die Nordseite meines Schreibtisches anzuknabbern begann, verwies ich sie energisch des Raums. Seither wagt sie ihn nicht mehr zu betreten, ausgenommen bei Tag und Nacht.
»Ephraim«, fragte die beste Ehefrau von allen, »bist du sicher, daß wir unsern Hund richtig dressieren?«
Auch mir waren diesbezüglich schon Zweifel gekommen. Franzi verbringt den größten Teil ihrer Freizeit auf unseren Fauteuils oder in unseren Betten, empfängt jeden Fremden, der an der Schwelle erscheint, mit freundlichem Schweifwedeln und bellt nur dann, wenn meine Frau sich ans Klavier setzt. Überdies ähnelt sie, da unsere Kinder sie ständig mit

Kuchen und Schokolade stopfen, immer weniger einem Zwergschnauzer und immer mehr einem in der Entwicklung zurückgebliebenen Nilpferd. Daß sie sich das Pinkeln auf den Teppich und anderswohin nicht abgewöhnen läßt, versteht sich von selbst. Sie ist eben ein wenig verwöhnt.

»Vielleicht sollten wir sie in einen Abrichtungskurs einschreiben«, antwortete ich auf die vorhin zitierte Frage meiner Frau.

Ich verdankte diesen Einfall dem deutschen Schäferhund Zulu, der in unserer Straße beheimatet ist und täglich zweimal mit Dragomir, dem bekannten staatlich geprüften Hundetrainer, an unserem Haus vorbeikommt.

»Bei Fuß!« ruft Dragomir. »Platz! Leg dich! Auf!«

Und das große, dumme Tier gehorcht aufs Wort, sitzt, liegt und springt wie befohlen. Mehr als einmal haben wir dieses entwürdigende Schauspiel durch das Fenster beobachtet.

»Er verwandelt das edle Geschöpf in eine Maschine.« Die Stimme meiner Frau klang zutiefst angewidert.

»In einen seelenlosen Roboter«, bekräftigte ich.

Und unsere liebevollen Blicke schweiften zu Franzi, die gerade dabei war, ein mit kostbaren Brüsseler Spitzen umrandetes Kopfkissen zu

zerreißen, ehe sie den Inhalt über den Teppich verstreute. Wahrscheinlich wollte sie nicht immer auf den bloßen Teppich pinkeln.
»Geh und sprich mit Dragomir«, murmelte meine Frau gesenkten Hauptes.

Dragomir, ein untersetzter Mann in mittleren Jahren, versteht die Sprache der Tiere wie einstens König Salomo, wenn er in Form war. Mit den Menschen hat er Verständigungsschwierigkeiten. Er lebt erst seit dreißig Jahren in unserem Land und kann sich nur in seiner kroatischen Muttersprache fließend ausdrücken.
»Was ist das?« fragte er bei Franzis Anblick.
»Wo haben Sie es genommen her?«
»Das spielt keine Rolle«, antwortete ich mit aller gebotenen Zurückhaltung.
Dragomir hob Franzi in die Höhe und bohrte seine Augen in die ihren.
»Wie Sie füttern diese Hund?«
Ich informierte ihn, daß Franzi viermal am Tag ihre Lieblingssuppe vorgesetzt bekäme und einmal entweder Roastbeef mit Nudeln oder Irish Stew, dazu je nachdem Cremerollen, Waffeln und türkischen Honig.
»Schlecht und falsch«, äußerte Dragomir. »Hund nur einmal am Tag bekommt Futter und Schluß. Wo macht Hund hin?«

Ich verstand nicht sofort, was er meinte. Dragomir wurde deutlicher:
»Wo pischt? Wo kackt?«
»Immer im Haus«, wehklagte ich. »Nie im Garten. Da hilft kein Bitten und kein Flehen.«
»Hund immer hinmacht, wo hat erstemal hingemacht«, erklärte der staatliche Trainer. »Wie oft hat bis jetzt hingemacht in Haus?«
Ich stellte eine hurtige Kopfrechnung an:
»Ungefähr fünfhundert Mal.«
»Mati moje! Sie müssen Hund verkaufen!« Und Dragomir machte mich mit der erschütternden Tatsache vertraut, daß Franzi sich dank unserer pädagogischen Fahrlässigkeit daran gewöhnt hätte, den Garten als ihre Wohnung anzusehen und das Haus als Toilette.
»Aber dagegen muß sich doch etwas machen lassen, Maestro!« flehte ich. »Wir zahlen Ihnen jeden Betrag!«
Der staatliche Trainer überlegte.
»Gut«, entschied er dann. »Erstes von allem: Sie müssen anbinden Hund. Ich bringe Kette.«
Am nächsten Morgen erschien Dragomir mit einer ausrangierten Ankerkette, befestigte das eine Ende an einem Besenstiel, den er im entferntesten Winkel des Gartens in die Erde rammte, und band Franzi am andern Ende der Kette fest.
»So. Hier bleibt Hund ganze Zeit. Einmal täg-

lich man bringt ihm etwas Futter. Sonst niemand herkommt in die Nähe.«
»Aber wie soll die arme Franzi das aushalten?« protestierte ich, lautstark unterstützt von Weib und Kind. »Franzi braucht Gesellschaft... Franzi braucht Liebe... Franzi wird weinen...«
»Soll weinen«, beharrte Dragomir erbarmungslos. »Ich sage, was Sie tun, Sie tun, was ich sage. Sonst hat kein Zweck. Sonst besser Sie verkaufen Hund sofort.«
»Alles, nur das nicht!« stöhnte ich im Namen meiner Familie. »Wir werden Ihre sämtlichen Anordnungen befolgen. Was bekommen Sie für den Kurs?«
»Einhundertfünfzig ohne Empfangsbestätigung«, antwortete Dragomir in erstaunlich gutem Hebräisch.
Franzi begann zu winseln.

Schon am Nachmittag schwamm das ganze Haus in Tränen. Die Kinder sahen mit herzzerreißend traurigen Blicken nach Franzi, nach der einsamen, hungrigen, angebundenen Franzi. Renana konnte sich nicht länger zurückhalten und legte sich schluchzend neben sie. Amir bat mich mit flehend aufgehobenen Kinderhändchen, das arme Tier loszubinden. Meine Frau schloß sich an.

»Wenigstens für eine Viertelstunde«, beschwor sie mich. »Für zehn Minuten. Für fünf Minuten...«
»Also schön. Fünf Minuten...«
Laut bellend sauste Franzi ins Haus, sprang an uns allen empor, bedachte uns mit Liebesbezeigungen ohne Ende, verbrachte die Nacht im Kinderzimmer und schlief, nachdem sie sich mit Schokolade, Kuchen und Hausschuhen verköstigt hatte, in Amirs Bettchen friedlich ein.
Am Morgen ging das Telefon. Es war Dragomir.
»Wie hat Hund genachtet?«
»Alles in bester Ordnung«, antwortete ich.
»Viel gebellt?«
»Ja, aber das muß man hinnehmen.« Und ich versuchte die auf meinem Schoß sitzende Franzi daran zu hindern, sich an meinem Brillengestell gütlich zu tun.
Dragomir schärfte mir ein, besonders während der ersten Abrichtungsperiode seine Vorschriften unbedingt einzuhalten. Gerade jetzt sei eiserne Disziplin das wichtigste.
»Ganz Ihrer Meinung«, bestätigte ich. »Sie können sich auf mich verlassen. Wenn ich schon soviel Geld für die Dressur unseres Hündchens ausgebe, dann will ich auch Resultate sehen. Ich bin ja nicht schwachsinnig.«

Damit legte ich den Hörer auf und entfernte das Kabel vorsichtig aus Franziskas Schnauze.

Zu Mittag stürzte Amir schreckensbleich ins Zimmer.
»Dragomir kommt!« rief das wachsame Kind. »Rasch!«
Wir wickelten Franzi aus der Pianodecke, rannten mit ihr in den Garten und banden sie an der Schiffskette fest. Als Dragomir ankam, saßen wir alle sittsam um den Mittagstisch.
»Wo ist Hund?« fragte der Staatstrainer barsch.
»Wo wird er schon sein? Natürlich dort, wo er hingehört. Im Garten. An der Kette.«
»Richtig und gut.« Dragomir nickte in bärbeißiger Anerkennung. »Nicht loslassen.«
Tatsächlich blieb Franzi bis gegen Ende unserer Mahlzeit im Garten. Erst zum Dessert holte sie Amir herein und ließ sie teilhaben an Kuchen und Früchten. Franzi war glücklich, obgleich ein wenig verwirrt. Auch während der folgenden Wochen konnte sie nur schwer begreifen, warum sie immer in solcher Eile an die Kette gebunden wurde, wenn der fremde Mann, dessen Sprache niemand verstand, auftauchte, und warum sie nach seinem Verschwinden wieder in ihre Toilette zurückgebracht wurde. Aber es klappte im ganzen nicht schlecht.
Von Zeit zu Zeit erstatteten wir Dragomir

detaillierten Bericht über die Fortschritte, die wir mit seinem Dressurprogramm machten, baten ihn um allerlei Ratschläge, fragten ihn, ob wir für Franzi nicht vielleicht einen Zwinger bauen sollten (»Kein Zweck, draußen warm genug!«), und gaben ihm an jenem Dienstag, an dem Franzi unser schönstes Tischtuch zerrissen hatte, freiwillig eine Honorarzulage von fünfzig Pfund.

Am folgenden Wochenende beging Dragomir einen schwerwiegenden Fehler: er erschien unangemeldet in unserem Haus.
Die Sache war die, daß Zulu den Postboten ins Bein gebissen hatte, und Dragomir war herbeigerufen worden, um mit dem Schäferhund ein ernstes Wort zu sprechen. Dragomir machte sich die geographische Lage und unsere offene Haustür zunutze und drang ins unbewachte Kinderzimmer ein, wo er Amir und Franzi eng umschlungen vor dem Fernsehschirm beim Speisen von Popcorn vorfand.
»Das ist Garten?!« brüllte er. »Das ist Hund angebundener?!«
»Nicht bös sein, Onkel«, entschuldigte sich Amir. »Wir haben nicht gewußt, daß du kommst.«
Renana begann zu heulen, Franzi zu bellen, Dragomir fuhr fort zu brüllen, ich stürzte herzu

und brüllte gleichfalls, meine Frau stand mit unheilvoll zusammengepreßten Lippen daneben und wartete, bis Ruhe eintrat.

»Was wünschen Sie?« fragte sie, als sähe sie Dragomir zum erstenmal.

»Ich wünschen? *Sie* wünschen! Sie wollen haben Hund zimmerrein. So nicht. So wird immer in Haus überall hinmachen!«

»Na wenn schon. Dann wische ich's eben auf. Ich, nicht Sie.«

»Aber –«, sagte Dragomir.

»Hinaus!« sagte die beste Ehefrau von allen.

Seither herrscht Ruhe in unserem Haus. Franzi frißt Pantoffel und Teppiche, wird immer dikker, und pinkelt, wohin sie will. Meine Frau läuft mit einem Aufreibtuch hinter ihr her, die Kinder klatschen vor Vergnügen in die Hände, und wir alle sind uns darüber einig, daß nichts über einen erstklassigen Rassehund geht, den man eigens aus Europa importiert hat.

Franzi begann plötzlich Interesse an Hunden zu zeigen, sprang am Fenster hoch, wenn draußen einer vorbeiging, wedelte hingebungsvoll mit dem Schwanz, ja manchmal ließ sie sogar ein zweideutiges Bellen hören. Und siehe da: Draußen vor dem Fenster versammelten sich nach und nach sämtliche männlichen Hunde der Umgebung, wedelnd, winselnd, schnuppernd, als suchten sie etwas. Zulu, der riesige deutsche Schäferhund, der am andern Ende der Straße lebt, drang eines Tags über die rückseitig gelegene Terrasse sogar in unser Haus ein und wich erst der Gewalt.
Wir wandten uns wieder an Dragomir, den international bekannten Hundetrainer aus Jugoslawien, der sich ja bereits so erfolgreich mit Franzi beschäftigt hatte. Er klärte uns auf:
»Warum Sie aufgeregt, weshalb? Hündin ist läufig.«
»Hündin ist was?« fragte ahnungslos die beste Ehefrau von allen, die sich in der einschlägigen Terminologie nicht auskennt. »Wohin will sie laufen?«

Dragomir nahm seine Zuflucht zur Kinder- und Gebärdensprache:
»Kutschi-mutschi. Weibi braucht Manndi. Kopulazija hopp-hopp.«
Nachdem wir dieses Gemisch aus Kroatisch und Kretinisch dechiffriert hatten, wußten wir Bescheid.
Auch unseren Kindern war mittlerweile etwas aufgefallen.
»Papi«, fragte mein Sohn Amir, »warum will Franzi zu den anderen Hunden hinaus?«
»Sohn«, antwortete Papi, »sie will mit ihnen spielen.«
»Wirklich? Und ich hatte schon geglaubt, daß sie miteinander den Geschlechtsverkehr ausüben wollen.«
Ich gebe Amirs Äußerung in umschriebener Form wieder. Tatsächlich gebrauchte er ein wesentlich kürzeres Wort, das man in einer kultivierten Familiengemeinschaft nach Möglichkeit vermeiden sollte.
Die Zahl der Franzi-Verehrer vor unserem Haus wuchs dermaßen an, daß wir uns nur noch mit eingelegtem Besen den Weg auf die Straße bahnen konnten. Wir bekämpften die liebestrunkenen Horden unter Franzis Fenster mit Wasserkübeln, wir traten sie mit Füßen, wir zogen quer durch unseren Garten einen rostigen Drahtverhau (der von den leidenschaftlich

Liebenden in Minutenschnelle durchbissen wurde), und einmal warf ich sogar einen Pflasterstein nach Zulu. Er warf ihn sofort zurück. Währenddessen stand Franzi am Fenster und barst vor Erotik.
»Papi«, sagte mein Sohn Amir, »warum läßt du sie nicht hinaus?«
»Das hat noch Zeit.«
»Aber du siehst doch, daß sie hinaus will. Sie möchte endlich einmal...«
Wieder kam jener abscheuliche Ausdruck. Aber ich ließ mich nicht umstimmen:
»Nein. Erst wenn sie verheiratet ist. In meinem Haus achtet man auf gute Sitten, wenn du nichts dagegen hast.«
Mutter Natur scheint jedoch ihre eigenen Gesetze zu haben. Die Hunde draußen jaulten im Chor und begannen miteinander um die noch nicht vorhandene Beute zu raufen. Franzi stand am Fenster und winkte. Sie aß nicht mehr und trank nicht mehr und schlief nicht mehr. Schlief sie jedoch, dann war ihr Schlaf voll von erotischen Träumen. Und in wachem Zustand ließ sie erst keinen Zweifel daran, worauf sie hinauswollte.
»Hure!« zischte die beste Ehefrau von allen und wandte sich ab.
Damit tat sie natürlich unrecht (und wer weiß, was da an weiblichen Urinstinkten mit hinein-

spielte). Franzi war eben zu schön. Kein richtiger männlicher Hund konnte ihrer erotischen Ausstrahlung, dem Blitzen ihrer Augen und der Anmut ihrer Bewegungen widerstehen. Und erst das silbergraue, langhaarige Fell! Sollte es daran liegen? Wir beschlossen, Franzi scheren zu lassen, um sie vor den Folgen ihres Sexappeals zu retten, und setzten uns mit einer bewährten Hundeschuranstalt in Verbindung. Am nächsten Tag erschienen zwei Experten, kämpften sich durch die Hundehorden, die unseren Garten besetzt hielten, hindurch und nahmen Franzi mit sich. Franzi wehrte sich wie eine Mini-Löwin, ihre Verehrer bellten und tobten und rannten noch kilometerweit hinter dem Wagen her.
Wir saßen zu Hause, von Gewissensbissen gepeinigt.
»Was hätte ich tun sollen?« seufzte ich. »Sie ist ja noch viel zu jung für solche Sachen...«
Franzi kam nicht mehr zurück. Was uns am nächsten Tag zurückgestellt wurde, war eine mißgestaltete, rosafarbene Maus. Ich hätte nie gedacht, daß Franzi innen so klein war. Und Franzi schien die schmähliche Verwandlung, der man sie unterzogen hatte, selbst zu merken. Sie sprach kein Wort mit uns, sie wedelte nicht, sie starrte reglos zum Fenster hinaus.
Und was geschah?
Unser Garten konnte die Menge der Hunde,

die herangestürmt kamen, nicht mehr fassen. Sie rissen das Gitter nieder, rasten umher und sprangen mit speichelnden Lefzen an der Mauer des Hauses empor, um in Franzis Nähe zu gelangen. Waren es zuvor nur die Hunde unseres Wohnviertels gewesen, so kamen jetzt alle Hunde der Stadt, des Landes, des Vorderen Orients. Sogar zwei Eskimohunde waren darunter; sie mußten sich von ihrem Schlitten losgerissen haben und waren direkt vom Nordpol herbeigeeilt.

Kein Zweifel: In ihrem jetzigen Zustand war Franzi so sexy wie nie zuvor. Denn sie war nackt. Sie lag im Fenster und bot sich nackt den Blicken ihrer gierigen Verehrer dar. Aus unserem Haus war ein Eros-Center geworden.

Als einer der wildesten Freier, eine wahre Straßenraupe von einem Vieh, mit einem Hieb seiner mächtigen Tatze unsere Türklinke herausriß, riefen wir die Polizei, ehe die anderen Hunde die Telefonleitung durchbeißen konnten. Die Polizei war besetzt. Und wir besaßen keine Raketen, um Notsignale zu geben.

Immer enger schloß sich der Ring der Belagerer um unser Haus. Rafi, mein ältester Sohn, schlug vor, die Gartensträucher anzuzünden und unter Feuerschutz den Rückzug ins nahe gelegene Postamt anzutreten, wo wir vielleicht Verbindung zur Polizei bekämen. Aber dazu

hätten wir ja das Haus verlassen müssen, und das wagten wir nicht mehr.
Plötzlich stand Zulu, der den Weg über das Dach genommen haben mußte, mitten in der Küche und verwickelte mich in einen brutalen Zweikampf. Aus seinen Augen blitzte der wilde Entschluß, zuerst Franzi zu vergewaltigen und hernach mit mir abzurechnen. Franzi lief schweifwedelnd um uns herum und bellte für Zulu. Die Mitglieder unserer kleinen Familie suchten Deckung hinter den umgestürzten Möbeln. Von draußen die Hunde rückten näher und näher.
»Mach Schluß«, kam keuchend die Stimme meiner totenblassen Ehefrau. »Gib ihnen Franzi.«
»Niemals«, keuchte ich zurück. »Ich lasse mich nicht erpressen.«
Und dann – noch jetzt, da ich's niederschreibe, zittert meine Hand vor Erregung –, gerade als wir unsere letzte Munition verschossen hatten und das Ende unabwendbar herandrohte – dann hörte das Bellen mit einemmal auf, und die Hundehorden verschwanden.
Vorsichtig steckte ich den Kopf zur Türe hinaus und legte die Hand ans Ohr, um das schmetternde Trompetensignal der herangaloppierenden Kavallerie zu vernehmen, die bekanntlich immer im letzten Augenblick eintrifft, um die Siedler vor dem Skalpiermesser zu retten....

Aber ich konnte keine Spur einer organisierten Rettungsaktion entdecken.
Allem Anschein nach handelte es sich um ein ganz gewöhnliches Wunder.
Am nächsten Tag erklärte uns Dragomir, was geschehen war:
»Sie wissen? Sie wissen nicht. In ganzer Stadt auf einmal alle Hündinnen läufig. Kommt vor. Und sofort alles gut.«
Seither herrscht in unserem Alltag ganz normale Eintönigkeit. Aus Franzi, der rosafarbenen Maus, ist wieder eine Hündin mit weißem Fell geworden, die sich nur für Menschen interessiert. Für die Hunde der Nachbarschaft hat sie kein Auge mehr, und vice versa. Als Zulu an unserem Haus vorüberkam, drehte er sich nicht einmal um.
Woher unter diesen Umständen die kleinen Import-Schnauzer kommen, die Franzi erwartet, wissen wir nicht.

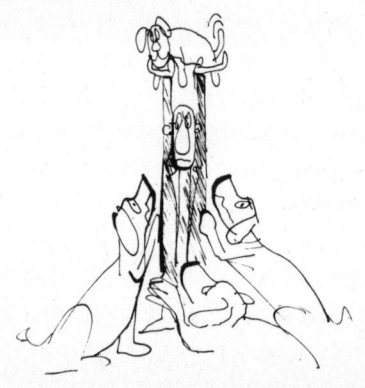

Gebrauchsanweisung

Zu Beginn der Woche schloß ich mich in mein Zimmer ein und setzte mich an den Schreibtisch, um eine beißende Satire gegen das Establishment zu verfassen. Der Titel machte mir keine Schwierigkeiten: »Offener Brief an das Establishment.« Ich schrieb ihn auch sofort hin, ganz oben.
Von da an geriet ich ein wenig ins Stocken. Vergebens zermarterte ich mir das Hirn, gegen wen sich mein Artikel eigentlich richten sollte und warum – als ich plötzlich ein scharfes Summen hörte. Es klang wie »s-s-s«. Gleich darauf landete eine kleine Fliege auf meinem linken Ohr und begann daran zu naschen.
Da wir unsere Wohnung seit zwei Wochen gegen die sommerliche Fliegenplage hermetisch abgeschlossen hatten, mußte die kleine Fliege in der Wohnung geboren worden sein. Ich hatte es also mit dem seltenen Exemplar eines Ureinwohner-Insekts zu tun, was mich jedoch nicht hinderte, es von meinem Ohr zu verjagen. Was wiederum den Ureinwohner nicht hinderte, nach einigen fröhlich durch-

summten Runden auf mein Ohr zurückzukehren. Dieser Vorgang wiederholte sich mehrere Male. Ich wurde ein wenig nervös, trat ans Fenster und besah mir das eingeborene Wesen etwas genauer. Ob es männlichen oder weiblichen Geschlechts war, konnte ich nicht feststellen, dazu kam ich nicht nahe genug heran. Auch blieb mir verborgen, warum gerade diese Fliege gerade an meinem Ohr so großen Geschmack fand. Es war ein Ohr wie jedes andere auch. Dennoch schien seine Anziehungskraft schlechthin unwiderstehlich zu sein: die Fliege wollte mein linkes Ohr haben und sonst gar nichts. Als ich es mit der Hand schützte, setzte sie sich auf meine Hand, und als ich sie von meiner Hand verjagen wollte, setzte sie sich auf mein linkes Ohr.
Ich beschloß, die Fliege zu töten. Zwar bin ich ein Gegner der Todesstrafe, aber das Leben ist hart und grausam, besonders im Sommer.
Natürlich mußte ich mein Vorhaben in aller Ruhe ausführen, gelassen, kaltblütig, ohne übertriebenen Aufwand. Ich durfte nicht etwa wild um mich schlagen oder am Tötungsakt besonderes Vergnügen empfinden. Es galt zu warten, bis der Ureinwohner sich in Reichweite meiner Hand befände, und ihm sodann mit einer blitzschnellen Bewegung den Garaus zu machen. Dazu war nichts weiter nötig als ein

wenig Geistesgegenwart und Reaktionsschnelligkeit.
Mindestens zehnmal hatte ich die Fliege in meiner hohlen Hand, mindestens zehnmal entkam sie mir wieder und setzte sich geistesgegenwärtig und reaktionsschnell auf mein linkes Ohr. Wiederholt hatte ich den Eindruck, daß ich sie im Hohlraum meiner Faust zerquetscht hätte und daß ein andrer Ureinwohner an die Stelle seines gefallenen Kameraden getreten wäre, wie einst die Grenadiere bei Napoleon – aber es war immer dieselbe Fliege, die auf mein Ohr zurückgesummt kam. Ich erkannte sie an ihren großen Augen und ihrem hämischen Grinsen.
Ohne meine Selbstbeherrschung zu verlieren, begab ich mich – unter Mitnahme der Fliege auf meinem linken Ohr – in die Küche, suchte und fand die dort befindliche Fliegenklatsche und kehrte in mein Arbeitszimmer zurück, Klatsche in der Hand, Fliege am Ohr. Hier ergaben sich neuerliche Schwierigkeiten. Zweifellos hätte ich die Fliege mit einem machtvollen rechten Schwinger gegen mein linkes Ohr hinstrecken können, doch wäre dabei, ebenso zweifellos, mein linkes Ohr – und nicht nur dieses – in schmerzhafte Mitleidenschaft gezogen worden. Es bedurfte einer klügeren Taktik. Ich scheuchte die Fliege in den Raum und schrie in

ungarischer Sprache auf sie ein, wovon ich mir (wie bei jedem andern Lebewesen) einen lähmenden Effekt versprach. Er kam nicht zustande. Nach einem ungefähr viertelstündigen Luftgefecht ergab sich als Bilanz eine zerbrochene Blumenvase, eine umgestürzte Topfpflanze, ein von der Wand gefallenes Gemälde und ein blutendes linkes Ohr.

Die Umstände ließen mir eine Kompromißlösung ratsam erscheinen. Ich erinnerte mich an meine Tante Selma, die in Budapest einen Frisiersalon betrieben hatte. In einer Ecke ihres Salons stand während der Sommermonate immer eine mit gestoßenem Zucker gefüllte Schüssel, in der sich die fliegenden Ungeheuer zu sammeln pflegten. Eine solche Schüssel stellte ich jetzt auf meinen Schreibtisch, fügte zwecks leichterer Verdaulichkeit ein paar Wassertropfen bei und wartete. Tatsächlich verließ die Fliege sofort mein Ohr, sauste im Sturzflug auf die Schüssel nieder, ergriff eine Portion Staubzucker und kehrte auf mein Ohr zurück, wo sie ihre Beute geruhsam zu konsumieren begann. Sobald der Vorrat aufgezehrt war, besorgte sie sich auf dem gleichen Weg einen neuen und dann einen weiteren und dann noch einen. Nach dem vierten oder fünften Sturzflug hatte ich ihre Landungsintervalle berechnet und holte mit meiner Fliegenklatsche zu einem

genau tempierten Schlag aus. Das Wegkehren der Scherben dauerte nur wenige Minuten.
Ein wankelmütiger Charakter wäre an meiner Stelle vielleicht in Panik verfallen. Nicht so ich. Ich schaltete auf psychologische Kriegführung um.
Die Fliege, muscida vulgaris, das weiß jeder halbwegs Gebildete, wird auf geheimnisvolle Weise vom Licht angezogen und ist in der Dunkelheit völlig verloren. Also verdunkelte ich das Zimmer und öffnete beide Fensterflügel, in der sicheren Zuversicht, daß das Sonnenlicht meinen ureingeborenen Plagegeist ins Freie locken würde. Obendrein zog ich ein dunkles Tuch über meinen Kopf, um der Fliege das Verlassen meines linken Ohrs zu erleichtern. Nach einer kleinen Weile sprang ich zum Fenster, schloß es mit einem Ruck und wandte mich um.
Das Zimmer war voller Fliegen.
Bei 28 hörte ich auf zu zählen, weil ich mich fragen mußte, ob ich nicht vielleicht eine Fliege zweimal gezählt hätte. Meine eigene, die Ureinwohnerin, erkannte ich mühelos daran, daß sie sich immer wieder mit höhnischem Summen auf meinem linken Ohr niederließ. Auch das Summen erkannte ich, obwohl jetzt schon der ganze Raum summte.
Als letztes Mittel bot sich der Fliegen-Spray an.

Da alles auf dem Spiel stand, las ich zuvor die Gebrauchsanweisung:

»*Flit säubert das Haus von Insekten. Für Menschen und Haustiere ist es ungefährlich. Um das bestmögliche Ergebnis bei der Bekämpfung von Fliegen zu erzielen, empfiehlt es sich, alle Türen und Fenster zu schließen und alle Räume in allen Richtungen zu besprühen. Nach ungefähr zehn Minuten sind die Fenster wieder zu öffnen und die toten Fliegen hinauszukehren.*«

Ich tat, wie mir geheißen. Ich verriegelte Fenster und Türen und besprühte das Hausinnere bis zur völligen Erschlaffung meiner Hände. Hierauf setzte ich mich im Sinne der Gebrauchsanweisung für zehn Minuten hin, die Urfliege immer noch auf meinem Ohr.

Nach ungefähr fünf Minuten befiel mich in dem engen, muffigen, übelriechenden Raum heftiges Unwohlsein. Nach weiteren zwei Minuten litt ich an Atemnot, bekam keine Luft mehr und glitt zu Boden. Mit letzter Anstrengung kroch ich zur Tür.

Aber da waren die zehn Minuten schon vorbei, Die Fliegen öffneten die Fenster und kehrten mich hinaus.

Wir alle haben unsere Schwächen. Manche von uns trinken, manche sind dem Spielteufel verfallen, manche sind Mädchenjäger oder Finanzminister. Meine Frau, die beste Ehefrau von allen, ist Katzenliebhaberin. Die Katzen, die sie liebhat, sind aber keine reinrassigen Edelprodukte aus Siam oder Angora, sondern ganz gewöhnliche, ja geradezu ordinäre kleine Biester, die in den Straßen umherstreunen und durch klägliches Miauen kundtun, daß sie sich verlassen fühlen. Sobald die beste Ehefrau von allen eine dieser armseligen Kreaturen erspäht, bricht ihr das Herz, Tränen stürzen ihr aus den Augen, sie preßt das arme kleine Ding an sich, bringt es mit nach Hause und umgibt es mit Liebe, Sorgfalt und Milch. Bis zum nächsten Morgen.
Am nächsten Morgen ist ihr das alles schon viel zu langweilig.
Am nächsten Morgen spricht sie zu ihrem Gatten wie folgt:
»Möchtest du mir nicht wenigstens ein paar

Kleinigkeiten abnehmen? Ich kann nicht alles allein machen. Rühr dich gefälligst.«
Und so geschah es auch mit Pussy. Sie hatte Pussy tags zuvor an einer Straßenecke entdeckt und ohne Zögern adoptiert. Zu Hause stellte sie sofort einen großen Teller mit süßer Milch vor Pussy hin und schickte sich an, mit mütterlicher Befriedigung zuzuschauen, wie Pussy den Teller leerlecken würde.
Pussy tat nichts dergleichen. Sie schnupperte nur ganz kurz an der Milch und drehte sich wieder um.
Fassungslos sah es die Adoptivmama. Wenn Pussy keine Milch nähme, würde sie ja verhungern. Es mußte sofort etwas geschehen. Aber was?
Im Verlauf der nun einsetzenden Beratung entdeckten wir, daß Pussy zur großen, glücklichen Familie der Säugetiere gehörte und folglich die Milch aus einer Flasche eingeflößt bekommen könnte.
»Das trifft sich gut«, sagte ich. »Wir haben ja für unsern Zweitgeborenen, das Knäblein Amir, nicht weniger als acht sterilisierte Milchflaschen im Hause, und –«
»Was fällt dir ein?! Die Milchflaschen unseres Amirlein für eine Katze?! Geh sofort hinunter in die Apotheke und kauf ein Schnullerfläschchen für Pussy!«

»Das kannst du nicht von mir verlangen.«
»Warum nicht?«
»Weil ich mich schäme. Ein erwachsener Mensch, noch dazu ein anerkannter Schriftsteller, den man in der ganzen Gegend auch persönlich kennt, kann doch unmöglich in eine Apotheke gehen und ein Schnullerfläschchen für eine Katze verlangen.«
»Papperlapapp«, replizierte meine Gattin. »Nun geh schon endlich.«
Ich ging, mit dem festen Entschluß, die wahre Bestimmung des Fläschchens geheimzuhalten.
»Ein Milchfläschchen, bitte«, sagte ich dem Apotheker.
»Wie geht es dem kleinen Amir?« fragte er.
»Danke, gut. Er wiegt bereits zwölf Pfund.«
»Großartig. Was für eine Flasche soll es denn sein?«
»Die billigste«, sagte ich.
Ringsum entstand ein ominöses Schweigen. Die Menschen, die sich im Laden befanden – es waren ihrer fünf oder sechs –, rückten deutlich von mir ab und betrachteten mich aus feindselig geschlitzten Augen.
»Seht ihn euch nur an, den Kerl«, bedeuteten ihre Blicke. »Gut gekleidet, Brillenträger, fährt ein großes Auto – aber für seinen kleinen Sohn kauft er die billigste Flasche. Es ist eine Schande.«

Auch vom Gesicht des Apothekers war das freundliche Lächeln verschwunden:
»Wie Sie wünschen«, sagte er steif. »Ich möchte Sie nur darauf aufmerksam machen, daß diese billigen Flaschen sehr leicht zerbrechen.«
»Macht nichts«, antwortete ich leichthin. »Dann leime ich sie wieder zusammen.«
Der Apotheker wandte sich achselzuckend ab und kam mit einer größeren Auswahl von Milchflaschen zurück. Es waren lauter Prachterzeugnisse der internationalen Milchflaschen-Industrie. Nur ganz am Ende des Assortements, schamhaft versteckt, lag ein kleines, häßliches, schäbiges Fläschchen in Braun.
Ich nahm alle Kraft zusammen:
»Geben Sie mir das braune.«
Das abermals entstandene Schweigen, noch ominöser als das erste, wurde von einer dicklichen Dame unterbrochen:
»Es geht mich nichts an«, sagte sie, »und ich will mich nicht in Ihre Privatangelegenheiten mischen. Aber Sie sollten sich das doch noch einmal überlegen. Ein Kind ist der größte Schatz, den Gott uns schenken kann. Wenn Sie so schlecht dran sind, mein Herr, daß Sie sparen müssen, dann sparen Sie überall anders, nur nicht an Ihrem kleinen Sohn. Für ein Kind ist das Beste gerade gut genug. Glauben Sie einer mehrfachen Mutter!«

Ich tat, als hätte ich nichts gehört, und erkundigte mich nach den Preisen der verschiedenen Flaschen. Sie rangierten zwischen 5 und 8 Israelischen Pfunden. Die braune, auf die meine Wahl gefallen war, kostete nur 35 Aguroth.
»Mein kleiner Bub ist sehr temperamentvoll«, sagte ich ein wenig stotternd. »Ein rechtes Teufelchen. Zerschlägt alles, was ihm in die Hände kommt. Es wäre ganz sinnlos, eine teure Flasche für ihn zu kaufen. Er ruiniert sie sofort.«
»Warum sollte er?« fragte der Apotheker. »Wenn Sie sein kleines Köpfchen mit der linken Hand vom Nacken aus stützen... sehen Sie: so... während Sie ihm mit der rechten Hand die Milch einflößen, ist alles in Ordnung. Oder scheint Ihnen das nicht der Mühe wert?«
Vor meinem geistigen Auge erschien Pussy, in sauberen Windeln gegen meine linke Hand gestützt und begehrlich nach dem Fläschchen schnappend. Ich schüttelte den Kopf, um das Spukbild zu vertreiben.
»Sie wissen wohl nicht, wie man ein Kleinkind behandelt?« ließ die dicke, mehrfache Mutter sich vernehmen. »Ja, ja, die jungen Ehepaare von heute... Aber dann sollten Sie wenigstens eine Nurse haben. Haben Sie eine Nurse?«
»Nein... das heißt...«
»Ich werde Ihnen eine sehr gute Nurse verschaffen!« entschied die Dicke. »So, wie Sie Ihr

Baby behandeln, kriegt es ja einen Schock fürs ganze Leben... warten Sie... ich habe zufällig die Telefonnummer bei mir...« Und schon war meine Wohltäterin am Telefon, um eine Nurse für mich zu engagieren. Verzweifelt sah ich mich um. Die Ausgangstür war nur drei Meter von mir entfernt. Hätten die beiden untersetzten Männergestalten, die meinen Blick offenbar bemerkt hatten, nicht die Tür blockiert, dann wäre ich mit einem Satz draußen gewesen und heulend im Nebel verschwunden. Aber es war zu spät.
»Sie sollten der Dame dankbar sein«, empfahl mir der Apotheker. »Sie hat vier Kinder und alle sind bei bester Gesundheit. Verlassen Sie sich drauf: sie verschafft Ihnen eine ausgezeichnete Nurse, die den kleinen Amir von seinen nervösen Zuständen heilen wird.«
Ich darf bei dieser Gelegenheit einflechten, daß mein zweitgeborener Sohn Amir das normalste Kind im ganzen Nahen Osten ist und keinerlei »Zustände« hat, von denen ihn irgend jemand heilen müßte.
Es blieb mir nur noch die Hoffnung, daß die geschulte Nurse am andern Ende des Telefons nicht zu Hause wäre.
Sie war zu Hause. Die feiste Madame, die sich nicht in meine Privatangelegenheiten mischen wollte, teilte mir triumphierend mit, daß Fräu-

lein Mirjam Kussevitzky, diplomierte Nurse, bereit wäre, morgen bei mir vorzusprechen.
»Paßt Ihnen elf Uhr vormittag?« fragte das Monstrum.
»Nein«, antwortete ich, »da habe ich zu tun.«
»Und um eins?«
»Fechtstunde.«
»Auch Ihre Frau?«
»Auch meine Frau.«
»Dann vielleicht um zwei?«
»Da schlafen wir.«
»Um vier?«
»Da schlafen wir noch immer. Fechten macht müde.«
»Sechs?«
»Um sechs erwarten wir Gäste.«
»Acht?«
»Um acht gehen wir ins Museum.«
»Das hat man davon, wenn man jemandem uneigennützig helfen will!« rief die uneigennützige Helferin mit zornbebender Stimme und schmiß den Hörer hin. »Dabei hätte Ihnen dieser Informationsbesuch keine Kosten verursacht, wie Sie in Ihrem Geiz wahrscheinlich befürchten. Es ist wirklich unerhört.«
Ein leichter Schaum trat auf ihre Lippen. Die übrigen Anwesenden zogen einen stählernen Ring um mich. Es sah bedrohlich nach Lynchjustiz aus.

Aus dem Hintergrund kam die eisige Stimme des Apothekers:
»Soll ich Ihnen also die braune Flasche einpacken? Die billigste?«
Ich bahnte mir den Weg zu ihm und nickte ein stummes Ja. Insgeheim gelobte ich, wenn ich gesund und lebendig von hier wegkäme, ein Waisenhaus für verlassene Katzen zu stiften.
Der Apotheker unternahm einen letzten Bekehrungsversuch:
»Sehen Sie sich doch nur diesen billigen Gummiverschluß an, oben auf der Flasche. Er ist von so schlechter Qualität, daß er sich schon nach kurzem Gebrauch ausdehnt. Das Kind kann, Gott behüte, daran ersticken.«
»Na wenn schon«, erwiderte ich mit letzter Kraft. »Dann machen wir eben ein neues.«
Aus dem drohenden Ring, der mich jetzt wieder umgab, löste sich ein vierschrötiger Geselle, trat auf mich zu und packte mich am Rockaufschlag.
»Sind Sie sich klar darüber«, brüllte er mir ins Gesicht, »daß man mit diesen billigen Flaschen keine Babies füttert, sondern Katzen?!«
Das war zu viel. Ich war am Ende meiner Widerstandskraft.
»Geben Sie mir die beste Flasche, die Sie haben«, hauchte ich dem Apotheker zu.
Ich verließ den Laden mit einer sogenannten

»Super-Pyrex«-Babyflasche, der eine genaue Zeit- und Quantitätstabelle beilag, sowie ein Garantieschein für zwei Jahre und ein anderer gegen Feuer-, Wasser- und Erdbebenschaden. Preis: 8.50 Pfund.

»Warum, du Idiot«, fragte die beste Ehefrau von allen, als ich die Kostbarkeit ausgepackt hatte, »warum mußtest du die teuerste Flasche kaufen?«

»Weil ein verantwortungsbewußter Mann an allem sparen darf, nur nicht an seinen Katzen«, erwiderte ich.

Der Schaukelhengst

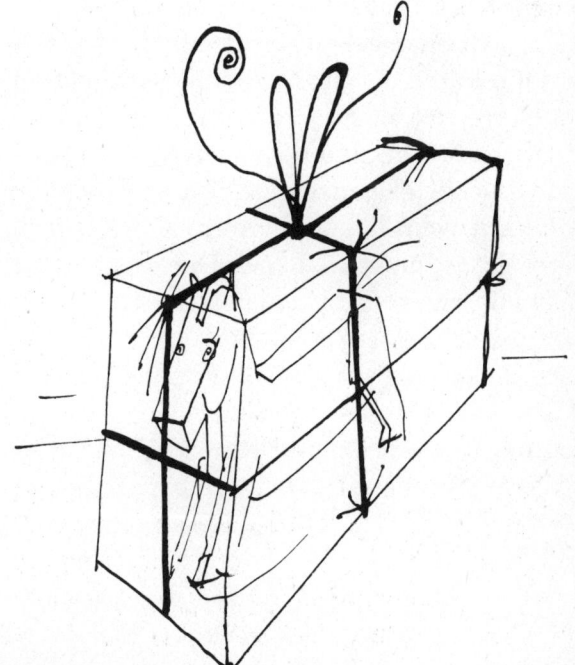

Mit Ihrer freundlichen Erlaubnis kommen wir nunmehr zu den künstlichen Zores. Ohne falsche Bescheidenheit: die Juden waren seit jeher Meister in der Kunst, sich das Leben möglichst kompliziert zu gestalten. Auch hier in Israel haben wir es auf diesem Gebiet zu bedeutenden Leistungen gebracht, vor allem dank unserer Bürokratie. Es gibt kein größeres Glücksgefühl, als mit einer Regierungsstelle zu tun *gehabt* zu haben, und nicht selten entringt sich dem glücklich Überlebenden hernach der Ausruf: »Mit wem haben die mich verwechselt?« Aber das ist nicht die Regel. Die Regel ist, daß man von den verschiedenen Beamten hin- und hergeschickt wird. Manchmal auch her und hin. Und niemals in eine bestimmte Richtung. Als meinem Freund Jossele ein Sohn geboren wurde, wollte ich dem Kleinen ein besonders schönes Geschenk kaufen, ohne Rücksicht auf den Kostenpunkt. Infolgedessen schrieb ich einen Brief an Onkel Egon nach Amerika. (Dazu muß ich erklären: Das briefliche Anschnorren amerikanischer Verwandter ist ein

alter israelischer Nationalsport, der nach ungefähr folgenden Regeln gespielt wird:
Man entdeckt in den Vereinigten Staaten einen entfernten Verwandten, um den man sich sein Lebtag nicht gekümmert hat, und läßt den ersten Versuchsballon starten, wobei es sich empfiehlt, eine möglichst zittrige Handschrift zu verwenden: »Einziger und einzig geliebter Onkel, Du wirst Dich sicherlich gewundert haben, warum Du so lange nichts von mir gehört hast. Aber das Leben hier ist schwer, und ich bin sehr beschäftigt. Brauchst Du vielleicht irgend etwas, mein Lieber? Wenn ja, dann schreibe mir, und ich schicke Dir sofort ein großes Hilfspaket. Aber Du mußt Dich beeilen, denn ich stehe am Rande des Hungertodes...«
Wenn der betreffende Onkel – der natürlich auch eine Tante, ein Vetter oder sonst etwas Entferntes sein kann – die Unvorsichtigkeit begeht, auf einen solchen Brief zu antworten, ist der Grundstein zu einer langen, fruchtbaren Zusammenarbeit gelegt.)
Knappe zehn Tage später wurde ich von der Zollabteilung des Hauptpostamtes verständigt, daß ein großes Paket für mich angekommen sei. Der Beamte, bei dem ich mich einfand, war außerordentlich höflich und schälte mit engelsgleicher Geduld eine Papierverpackung nach

der andern ab, bis sich meinem Blick der verblüffende Anblick eines stattlichen, wohlproportionierten Schaukelpferdes bot.
Ich muß gestehen, daß ich mich ein wenig über Onkel Egon ärgerte. Josseles Sohn war um diese Zeit zwei Wochen alt, und ein zwei Wochen altes Baby braucht kein Schaukelpferd. Aber nun war es einmal da, und ich wollte es ausprobieren. Doch das erlaubte mir der Beamte nicht. Ich dürfe, so erklärte er mir, das Schaukelpferd nicht anrühren, bevor ich nicht die Zollgebühr erlegt hätte. Sie belief sich auf 871,30 Pfund.
»Das ist ja der helle Wahnsinn! Warum so viel?«
»Sehen Sie selbst«, sagte der Beamte und hielt mir irgendeine Gebührentabelle unter die Nase. »Es handelt sich um ein für Reitzwecke importiertes Vollblut.«
»Vollblut? Wovon sprechen Sie?«
»Unser beeideter Sachverständiger hat diesen Hengst als dreijähriges, hochgezüchtetes, normannisches Rennpferd klassifiziert. Und erzählen Sie mir gefälligst nicht, daß es aus Holz ist, denn in §117/82/kp steht kein Wort davon, aus welchem Material ein Pferd hergestellt wird. Ein Pferd ist ein Pferd.« Damit schloß der Beamte seine Darlegungen.
Da er jedoch nicht nur Beamter, sondern auch Mensch war, gab er mir den Rat – »streng

vertraulich«, wie er sofort hervorhob –, eine Eingabe an die Zollbehörde zu richten und das Pferd als »Spielzeug« zu deklarieren. Ich dankte ihm für seine Hilfsbereitschaft, verschaffte mir ein notariell beglaubigtes Geburtszertifikat des Spitals, wo Josseles Sohn das Licht der Welt erblickt hatte, und untermauerte damit meine Eingabe. Außerdem brachte ich eine eidesstattliche Versicherung bei, daß ich bereits im Jahre 1928 jede gesetzwidrige Erwerbstätigkeit aufgegeben habe und nicht beabsichtige, das Pferd mit Profit zu verkaufen. Die Eingabe ging ihren vorschriftsmäßigen Weg, und schon nach wenigen Wochen hielt ich den vorgedruckten Bescheid der Zollbehörde in Händen: meinem Ansuchen könne leider nicht stattgegeben werden. Ich setzte mich sofort mit einem Rechtsanwalt in Verbindung, der nach gründlichem Studium der Angelegenheit zu dem Schluß kam, daß die Höhe des geforderten Zollbetrages auf den Vermerk »für Reitzwecke« zurückzuführen sei. Seine weiteren Nachforschungen ergaben, daß die Zollgebühr für Nutzpferde, die im Wirtschaftsleben Verwendung finden könnten, bedeutend niedriger sei. Wir richteten deshalb ein Gesuch an das Landwirtschaftsministerium und baten, das Pferd als »Nutzpferd« zu klassifizieren.

Bald darauf erschien ein hoher Beamter des Landwirtschaftsministeriums in meiner Wohnung und machte mich aufmerksam, daß ich vergessen hatte, in meinem Gesuch den Namen des Pferdes anzuführen.
»Schultheiß«, sagte ich, denn ich besaß einen pferdegesichtigen Freund, der so hieß. Der Beamte notierte den Namen und übergab mir einen Durchschlag des hierzu verwendeten Formulars.
Von da an ging alles glatt. Das Landwirtschaftsministerium verständigte mich, daß ich Schultheiß als Nutzpferd führen dürfe, sobald ich den Nachweis erbracht hätte, daß ich ihn für meine Zuchtfarm benötige. Da es ein offenes Geheimnis war, daß ich keine Zuchtfarm besaß, wandte ich mich von neuem an meinen Anwalt, der mir nach Prüfung der einschlägigen Gesetze den Bescheid gab, daß schon der Besitz einer einzigen Stute mich zur Haltung eines Hengstes berechtige. Wir verständigten das Landwirtschaftsministerium, daß meine Stute Brunhilde in Naharia eingestellt sei. Ein in Naharia wohnhafter Jockey, der zu meinen begeisterten Lesern gehört, erklärte sich gegen mäßiges Entgelt (fünfzig Pfund) bereit, mir eine schriftliche Bescheinigung auszustellen, die überdies den Vermerk enthielt, daß Brunhilde rossig und eine sofortige Intervention Schult-

heißens von größter Wichtigkeit für die israelische Pferdezucht wäre.
Eine Woche später läutete es an meiner Tür. Zwei Detektive drangen ein und wiesen einen gerichtlichen Hausdurchsuchungsbefehl vor. Der Staat Israel hatte mich auf Betrug verklagt.
»Sie wollen uns einreden, daß ein Schaukelpferd Junge kriegen kann?« schnauzte einer der Detektive mich an. »Halten Sie uns für komplette Idioten?«
Ich bejahte, packte das Nötigste zusammen und nahm Abschied von meinem Weib. Erst im letzten Augenblick fand ich meine oft bewährte Schlagfertigkeit wieder:
»Aber meine Herren«, sagte ich. »Wissen Sie denn nicht, daß auch Brunhilde ein Schaukelpferd ist?«
Die Detektive flüsterten miteinander und entschieden sodann, daß dies natürlich eine grundlegende Änderung der ganzen Situation bedeute, brachten ihre Entschuldigungen vor und verabschiedeten sich. Zwei Stunden später wurde mir eine Rechnung im Betrag von hundertsiebzehn Pfund zugestellt: »Stallgebühren für Hengst Schultheiß.« (Onkel Egon, so schien es, war ein weitblickender Mann und mit den Verhältnissen in unserem jungen Staate erstaunlich gut vertraut; offenbar hatte er es darauf angelegt, daß Josseles Sprößling den

geschenkten Gaul erst dann zu sehen bekäme, wenn er ihm ins Maul schauen könnte.)
Ein weiterer Zwischenfall ergab sich mit dem von der Regierung bestellten Tierarzt. Dieser erschien auf Anweisung des Landwirtschaftsministeriums im Zolldepot, untersuchte den staubüberdeckten Schultheiß und diagnostizierte »unhygienische Verfassung, möglicherweise ansteckend«. Der Befund hätte ernsthafte Folgen haben können, aber zum Glück stellte sich heraus, daß ein Vetter des Pferdedoktors mit dem Schwager von Frau Toscanini verwandt war, so daß dem Befund noch ein Vermerk hinzugefügt wurde: »Die Zeugungsfähigkeit des Hengstes ist zweifelhaft.«
Leider waren damit noch nicht alle Schwierigkeiten aus der Welt geschafft. Das Landwirtschaftsministerium verlangte zu wissen, wo ich die Schaukelstute namens Brunhilde gekauft und wieviel Luxussteuer ich für sie bezahlt hätte. (Nach Ansicht des israelischen Finanzministers ist alles, was für Geld erworben werden kann, ein Luxus.)
An diesem Punkt der Entwicklung trat mein Anwalt – mit der Begründung, daß er eine Familie erhalten müsse – von meinem Fall zurück. Der Gedanke, daß ich nunmehr allein dem gesamten Staatsapparat gegenüber-

stand, riß mich zu dem nicht unriskanten Schritt hin, ein Einfuhrlizenzformular für rückwärtige Motorradketten mit Brunhildes Namen auszufüllen und an das Ministerium zu schicken.

In der darauffolgenden Nacht wurde ich verhaftet. Offenbar war das Formular nicht mit der ausreichenden Menge von Stempeln versehen – ein Verbrechen, das nach ottomanischem Recht noch schwerer wiegt als der Verrat von Atomgeheimnissen. (Der Staat Israel hat noch keine eigene Jurisdiktion ausgearbeitet und stützt sich deshalb zum Teil auf die englischen, zum Teil auf die alten türkischen Gesetze – je nachdem, was für die Regierung gerade vorteilhafter ist.)

Die Verhandlung war kurz. Dank meiner bisherigen Unbescholtenheit bekam ich nur zwei Jahre Gefängnis; die drei Monate, die ich im Verkehr mit den Behörden verbracht hatte, wurden mir angerechnet.

Man wies mich in die Zelle Nummer 18 des alten Gefängnisses von Jaffa ein. Anfangs litt ich sehr unter dem ungerechten Urteil und vor allem unter der Einsamkeit, aber eines Tages wurde die Zellentür aufgestoßen, und ich erhielt die Gesellschaft eines gutartigen, wenngleich schon etwas herabgekommenen Zugpferdes. Es war gleichfalls wegen Betrugs verurteilt worden, weil es sich vor den Hafenbehörden in Haifa als Schaukelpferd ausgegeben hatte.

Hätten uns die Stocklers an jenem unglückseligen Donnerstag nicht eingeladen, so wäre ich heute noch ein freier Mensch. Die Stocklers jedoch haben uns eingeladen, und der Anblick, der sich uns gleich beim Betreten ihrer Wohnung bot, benahm uns dem Atem. Überall standen traumhaft schöne Aquarien herum, die von innen farbenprächtig beleuchtet waren und deren kleine Bewohner sich offenkundig so wohl fühlten wie Fische im Wasser.
»Das hat meinem Leben einen neuen Sinn gegeben«, sagte Stockler mit einer von Dankbarkeit vibrierenden Stimme. »Ihr ahnt ja nicht, was für eine himmlische Nervenberuhigung davon ausgeht, sich einfach hinzusetzen und diese kleinen Geschöpfe anzuschauen... nur anzuschauen... nichts weiter...«
Wir setzten uns einfach hin und schauten die kleinen Geschöpfe an, nichts weiter. Im zweiten Aquarium von rechts entdeckten wir einen ungewöhnlich schönen Fisch, dessen Schuppen in allen Regenbogenfarben glitzerten.
»Der da?« Stockler machte eine verächtliche

Handbewegung. »Das ist eine der billigsten Sorten. Jeder, der sie hat, will sie loswerden.«
»Warum?« fragte meine Frau.
»Weil es so kindisch einfach ist, sie zu züchten! Hingegen« – und Stockler deutete mit unendlich liebevoller Gebärde auf ein paar ordinäre, reizlos gestreifte Fische in einem andern Behälter – »hingegen wissen nur die wenigsten Leute, wie man den berühmten Pyjama-Fisch züchtet.«
Nach und nach erfuhren wir, daß Stockler jeden einzelnen Fisch in seiner Wohnung persönlich großgezogen hatte, worauf er mit Recht sehr stolz war. Überflüssig zu sagen, daß er schon seit geraumer Zeit ganze Bataillone von Fischen an Masalgowitsch liefert, die führende Tierhandlung der Stadt, und daß ihm das nicht selten bis zu zweihundert Pfund einbringt. Nach der letzten Laichperiode, die offenbar besonders lebhaft verlaufen war, steigerte sich sein wöchentlicher Durchschnittsverdienst sogar auf dreihundert Pfund.
Die Fische begannen mir zu gefallen. Fische zu züchten ist ein sehr liebenswertes Hobby. Und so nervenberuhigend.
»Vor einem halben Jahr hatte ich ein einziges kleines Aquarium«, erinnerte sich unser Gastgeber mit verträumtem Lächeln. »Heute habe ich achtundzwanzig in verschiedenen Größen.

Demnächst installiere ich zwölf weitere im Nebenzimmer, das seit meiner Scheidung leersteht.«
»Machen Ihnen die Fische nicht sehr viel Arbeit?«
»Arbeit?« Die Borniertheit meiner Frage ging sichtlich über Stocklers Fassungsvermögen. »Allerhöchstens fünf Minuten im Tag. Was brauchen diese süßen kleinen Kerle denn schon? Ein bißchen Verständnis, ein bißchen Aufmerksamkeit, das ist alles. Und ich kenne jeden einzelnen von ihnen, als wäre er ein alter Freund.«
Bei diesen Worten steckte Stockler seinen Zeigefinger ins nächste Aquarium und gab einen gurrenden Laut von sich, worauf sämtliche Pyjama-Fische von Panik erfaßt wurden und in die entfernteste Ecke des Behälters stoben. Einige versuchten sich in den Bodensand einzugraben, an allen Flossen zitternd. Zwei trafen Anstalten, aus dem Wasser zu springen.
»Sie sind schwanger, die Guten«, erläuterte Stockler. »Ich erwarte ungefähr tausend Fingerlinge...«
Muß ich weitererzählen? Am nächsten Tag gingen wir zu Masalgowitsch.
»Willkommen in der großen, glücklichen Familie der tropischen Fischliebhaber!« begrüßte er uns. »Bei mir bekommen Sie alles, was Sie

brauchen, und in der besten Qualität, die es gibt.«

Tatsächlich strahlte der ganze Laden die unverkennbare Atmosphäre professioneller Kennerschaft aus. Es wimmelte von Aquarien in allen erdenklichen Größen und in jeder nur möglichen Ausführung, von Zubehören und Füllungen, von Schlingpflanzen und Algen und Korallenriffen, von elektrischen Spülapparaten und Unterwasserheizkissen. Angesichts der schier unübersehbaren Pracht hatten wir Mühe, eine Auswahl zu treffen, die unseren einigermaßen beengten Finanzverhältnissen halbwegs entsprach. Schließlich erstanden wir ein mittelgroßes Aquarium, das wir jedoch mit einer Vielfarbenbatterie und einer elektrischen Luftpumpe ausstatten ließen. Natürlich kauften wir auch die nötigen Spezialfilter zur Reinigung des Wassers. Und die nötigen Reinigungsutensilien. Und ein verstellbares Netz. Masalgowitsch überzeugte uns, daß wir auch eine Abkratzvorrichtung für Seitenwand-Algen brauchten. Und ausreichende Mengen weißen Sandes, feinkörnig. Und einen Warmwasserkocher, der 25 Liter faßte. Und einen Korb Würmer. Und Würmer. Denn der Wurm ist des Fisches Lieblingsspeise.

»Daran darfst du dich nicht stoßen«, tröstete ich meine kleine Frau. »Auch die Eskimos essen

Würmer. In manchen Provinzen Chinas gelten sie sogar als Delikatesse. Die Würmer, nicht die Eskimos.«

Meine kleine Frau, schweigsam wie nur sehr selten, begnügte sich mit der Mitteilung, daß sie weder ein Eskimo sei noch in einer chinesischen Provinz lebe. Ehrlicherweise mußte man ja auch zugeben, daß diese Würmer, zumindest auf den ersten Blick, tatsächlich wie Würmer aussahen: längliche, rote Fleischnudeln, die sich ununterbrochen krümmten und ununterbrochen gar nicht gut rochen... nun ja. Schönes Wetter heute. Lieben Sie Brahms?

Als wir unsere Fracht abtransportieren wollten, erinnerte uns Masalgowitsch, daß es unter den gegebenen Umständen eigentlich üblich sei, auch Fische zu kaufen. Unsere Barschaft reichte gerade noch für zwei Pyjama-Fische. Mit kundigem Griff holte Masalgowitsch das glückliche Paar aus seinem Behälter hervor, tat es in ein Glas und überreichte es uns:

»Sie sind ganz leicht zu unterscheiden. Das Weibchen ist immer etwas größer als das Männchen.«

Wir prüften unser Paar und stellten fest, daß sie beide absolut gleich groß waren.

»Kommt vor«, lachte Masalgowitsch. »Es ist ein besonders fettes Männchen und ein besonders mageres Weibchen. Aber seien Sie unbesorgt –

sie werden Ihnen eine Menge kleiner Pyjamas schenken, die beiden Schlingel, hahaha...«

Zu Hause installierten wir alles genau nach der Gebrauchsanweisung. Wir setzten die ein wenig lärmende elektrische Pumpe in Betrieb und drehten den Warmwasserkocher an, damit unsere kleinen Lieblinge sich nicht erkälteten. Schwierigkeiten ergaben sich bei der Unterbringung der Würmer. Masalgowitsch hatte als geeigneten Aufenthaltsort den Kühlschrank empfohlen, aber meine Frau drohte mit Hungerstreik, falls etwas dergleichen geschähe. Sie war als Kind sehr verhätschelt worden, und die Folgen einer so grundfalschen Erziehungsmethode müssen sich früher oder später zeigen. Unter dem Bett wäre genügend Platz gewesen, aber da wollte meine Frau – es ist nicht ihre Schuld, es ist die Schuld ihrer Eltern – unbedingt wissen, ob eine Garantie dagegen bestünde, daß die Würmchen in der Nacht nicht vielleicht aus dem Körbchen kröchen und in unser Bettchen hinein... Schließlich verbannten wir sie ins Badezimmer.
Am nächsten Morgen standen wir frühzeitig auf, denn wir konnten es kaum erwarten. Wir setzten uns einfach hin und schauten die kleinen Geschöpfe an, nichts weiter. Ihr Anblick wirkte im höchsten Grad nervenberuhigend,

obwohl uns nach einiger Zeit auffiel, daß sie sich überhaupt nicht bewegten. Sie lagen auf dem Boden des Aquariums, mit den Bauchflossen nach oben. Sie waren – es ließ sich auf die Dauer nicht leugnen – tot. Als wir dem Vorfall nachgingen, entdeckten wir, daß das Wasser siedend heiß war. Wir hatten die beiden Pyjamas über Nacht gargekocht.

An diesem Punkt stellte sich uns ein Problem, mit dem es jeder tropische Fischliebhaber immer wieder zu tun bekommt: Wie wird man tote Fische los? Soll man sie zum Küchenabfall werfen? Meine Frau erbleichte bei dem bloßen Gedanken. Soll man sie im Hof begraben? Wir wohnen im dritten Stock. Soll man sie der Katze des Wohnungsnachbarn geben? Er hat keine Katze. Man kann nur versuchen, sie dort, wo hinuntergespült wird, hinunterzuspülen.

Wir versuchten es, und es gelang. Dann gingen wir zu Masalgowitsch, um ihn von unserem Mißgeschick in Kenntnis zu setzen.

»Was ist Ihnen da eingefallen?« fragte Masalgowitsch tadelnd. »Seit wann läßt man den Boiler die ganze Nacht lang laufen? Hat man so etwas je gehört? Wissen Sie denn nicht, daß die Wassertemperatur unbedingt jede Stunde kontrolliert werden muß?«

Eine rasche Kopfrechnung nahm dieser Mitteilung viel von ihrem Schrecken: wenn man für jede Kontrolle nicht länger als zehn Sekunden veranschlagte, würde das im Tag eine Gesamtsumme von fünf Minuten ergeben, ganz wie Stockler gesagt hatte. Beruhigt kaufte ich sechs neue Pyjamas, um den Wahrscheinlichkeitsquotienten für das Überleben eines Paares zu steigern. Was die Wassertemperatur betraf, einigte ich mich mit meiner Frau auf eine gestaffelte Kontrolle; ich kontrollierte die Temperatur bei Tag, in der Nacht hingegen wurde die Kontrolle von mir durchgeführt. Meine Frau lehnte jede weitere Mitarbeit ab und wünschte sogar das baldige Ende der sechs neuen Pyjamas herbei.

Sie ist, wie ich schon angedeutet habe, ein verzogenes Kind.

So sitze ich denn allein vor dem Aquarium und sehe zu, wie sich die kleinen Geschöpfchen vermehren. Bisher haben sie sich zwar noch nicht vermehrt, aber jetzt muß es sehr bald losgehen.

Wieder ein kleines Mißgeschick. Es spielt keine Rolle, wirklich nicht, und ich erwähne es nur der Vollständigkeit halber: eines Morgens waren unsere Pyjamas mit einem weißen Punktmuster besät, kratzten sich wie verrückt und segelten mit einer deutlichen Schlagseite nach links durch das Aquarium.

»Tut mir leid, Kinder«, sagte ich. »Das ist eure Sache. Ich kann euch da nicht helfen.«
Als sie zwei Tage später jede Ähnlichkeit mit Fischen eingebüßt hatten und nur noch auf dem Rücken schwammen, entschloß ich mich zu einer Gegenmaßnahme und spritzte eine kleine Ladung DDT ins Wasser. Offenbar kam ich mit diesem vorzüglichen Einfall zu spät. Denn schon nach zwei Minuten stiegen die Fische an die Oberfläche und hauchten ihre Pyjamaseele aus. Ich stürzte zu Masalgowitsch, kaufte fünf neue Paare und brachte ihn durch geschickte Fangfragen so weit, daß er mir ein paar Geheimnisse aus dem Born seiner reichen Erfahrung preisgab:
»Sie müssen die Paare getrennt unterbringen. Jedes in einem eigenen Aquarium, sonst vermehren sie sich nicht. Oder würden Sie und Ihre Frau in einem Zimmer leben wollen, das Sie mit zehn Fremden teilen müssen?«
Der Vergleich hinkte. Meine Frau lebte längst nicht mehr in einem Zimmer mit mir, schon seit jenem Tage nicht, da sie die Würmer auf meinem Schreibtisch gefunden hatte. Trotzdem dankte ich Masalgowitsch für seinen einleuchtenden Ratschlag und erwarb vier bequeme Behälter für verheiratete Pyjamas. Zu Hause stellte ich die Paare sorgfältig zusammen, immer einen fetten Pyjama mit einem mageren.

Dann wartete ich darauf, daß sie sich zu vermehren begännen. Sie begannen sich nicht zu vermehren. Sie flirteten und knutschten ein wenig herum, aber zu einer seriösen Beziehung kam es nicht. Es machte den Eindruck, als wären alle Pyjamas männlich. Und das war ein sehr trauriger Eindruck.
Stockler erwies sich in diesen schweren Tagen als eine wahre Säule des Trostes und der Zuversicht. Er beschwor mich, den Glauben an die Zukunft nicht zu verlieren, und gab mir wertvolle Tips für die Pyjamazucht. Zum Beispiel sollte ich zwei Teelöffel feines Tafelsalz mit je drei Litern Wasser mischen. Ich mischte. Nichts rührte sich. Nur ein salzempfindlicher Pyjama biß mich in den Finger. Masalgowitsch machte mich auf einen verhängnisvollen Fehler aufmerksam: ich hatte vergessen, den Sand mit Regenwasser zu versetzen, das durch einen Seidenstrumpf passiert werden mußte. Ich passierte. Meine Frau verließ die gemeinsame Wohnung. Von einer Pyjamavermehrung war nichts zu sehen. Stockler verriet mir einen alten Kunstgriff der japanischen Perlenfischer: kleine farbige Glasstückchen auf den Grund des Aquariums zu verstreuen. Ich verstreute. Die Pyjamas, statt für künftige Generationen zu sorgen, spielten mit dem bunten Glas und freuten sich sehr.

Daß es nach einiger Zeit trotzdem zu einem Zeugungsakt kam, war ein böser Irrtum: zwei ordinäre Goldfische hatten sich in einen der Behälter eingeschlichen, wahrscheinlich mit der letzten Lieferung von 30 Pyjamas. Das Ergebnis war eine Goldfischbrut von nicht weniger als 50 Exemplaren. Ich spülte sie die Toilette hinunter. Wollte ich Goldfische züchten? Ich wollte Pyjamas. Nur Pyjamas. Viele Pyjamas.
Dann erschütterte ein heftiger Schock die Welt der Fischzucht. Stockler war auf eine Bananenschale getreten und hatte sich ein Bein gebrochen.
Ich besuchte ihn an einem der nächsten Abende. Als ich seine von neugeborenen Pyjamas überquellende Wohnung sah, verlor ich den letzten Rest meiner Selbstbeherrschung und fiel auf die Knie.
»Stockler«, schluchzte ich. »Lieber, lieber Stockler. Es muß da irgendein Geheimnis geben, ein altes Ritual, das vielleicht schon den Drusen bekannt war und das auch Sie und Masalgowitsch kennen. Aber Sie verbergen es vor mir. Warum sollten Sie auch etwas preisgeben, was Sie in langen Jahren aufreibender Forschungsarbeit entdeckt haben. Trotzdem bitte ich Sie, Stockler: sagen Sie's mir. Haben Sie Erbarmen. Was ist es? Was muß man tun,

damit sich die Pyjamas vermehren? Erlösen Sie mich um Gottes willen, Stockler!«
Stockler sah mich lange an. Es fiel ihm schwer, seine innere Erregung zu meistern. Endlich sagte er:
»Gehen Sie nach Hause und lösen Sie die Schale einer halbverfaulten Banane in Benzin auf. Lassen Sie die Flüssigkeit verdampfen, warten Sie, bis der Rückstand getrocknet ist und pulverisieren Sie ihn. Eineinhalb gehäufte Teelöffel auf zwei Liter Wasser...«
Wie von Furien gejagt sauste ich nach Hause – nein, zuerst zu Masalgowitsch. Die Rolläden vor seinem Laden waren bereits heruntergelassen. Ich stürzte zur Hintertür. Sie war geschlossen. Durch das Guckloch sah ich Masalgowitsch im Zwielicht eines Ladenwinkels stehen. Er griff gerade in eine große Kiste mit der Aufschrift »Made in Germany«. Was er aus der Kiste hervorzog, waren kleine Nylonsäckchen. Und was in den kleinen Nylonsäckchen wimmelte, waren lauter kleine Pyjamas.
Mit einem heiseren Aufschrei warf ich mich gegen die Türe. Sie barst. Schreckensbleich starrte mich Masalgowitsch an.
»Ich ... ich kann nichts dafür«, stammelte er.
»Wer weiß denn schon, wie sich diese verdammten Viecher vermehren ... Aber in Hamburg gibt es ein Versandhaus, das liefert in die

ganze Welt. Auch an mich. Erst gestern hat Herr Stockler 250 Fingerlinge bei mir gekauft. Wenn Sie wollen, können Sie mir einen Wechsel geben, so wie er. Ich sag's keinem Menschen...«
Das also war das Ritual der alten Drusen. Das war Stocklers Geheimnis. Vermehrung durch die Post.
»Was kostet die ganze Kiste?« fragte ich.

Wenige Tage später besuchte mich Stockler. Ich fiel ihm um den Hals. Freudentränen glänzten in meinen Augen.
»Ich danke Ihnen, mein Freund. Ich danke Ihnen aus tiefstem Herzen. Die Bananen-Benzin-Mischung hat Wunder gewirkt!«
Stockler stand sprachlos. Sein Blick wanderte langsam über die sechzehn Aquarien, die alle Ecken meines Zimmers füllten und in denen sich Unmengen munterer Pyjamas tummelten. Plötzlich begannen seine Augenbälle wild zu rollen, wie das unmittelbar vor Ausbruch eines Tobsuchtsanfalls üblich ist. Dann, mit einem unartikulierten Aufwimmern, stürzte er davon.
Gestern traf ich ihn bei Masalgowitsch. Er übersah meinen Gruß. Mich ließ das gleichgültig. Einen erfahrenen Fischzüchter wie mich kann man nicht so schnell beleidigen. Mit demon-

strativer Selbstverständlichkeit kaufte ich sieben Behälter und verließ den Laden mit dem festen Schritt eines Fachmanns, der ganz genau weiß, wie man Fische kauft und Aquarien züchtet.

EIN EHRLICHER FINDER

Kurzdrama in einem Akt

Personen: Sa'adja Schabatai
Die Witwe
»Mao-Mao«

Ort der Handlung: Ein Zimmer in der Wohnung der Witwe

Witwe: *(lehnt sich zum Fenster hinaus und ruft mit trauriger Stimme)* Clarisse! Komm nach Hause, Carlissilein! *(Nichts geschieht. Die Witwe seufzt und zieht sich ins Zimmer zurück. Es klopft.)* Wer ist draußen?
Sa'adja: *(von draußen)* Ich.
Witwe: Was wollen Sie?
Sa'adja: Daß Sie die Tür öffnen.
Witwe: *(öffnet die Tür spaltbreit und erblickt einen unrasierten, vollbärtigen Mann von unverkennbar orientalischer Herkunft, der einen großen Korb im Arm hält)* Ich brauche nichts. *(Schlägt die Türe zu.)* Unverschämt...
Sa'adja *(klopft abermals)*

Witwe: *(reißt zornig die Tür auf)* Ich brauche nichts, sage ich Ihnen.
Sa'adja: Sch-sch-sch. *(Überprüft das Türschild.)* Ist Herr Har-Schoschanim zu Hause?
Witwe: In welcher Angelegenheit?
Sa'adja: Persönlich. Wann kommt er nach Hause?
Witwe: Er kommt überhaupt nicht nach Hause.
Sa'adja: Warum nicht?
Witwe: Weil er tot ist.
Sa'adja: Tot? Das ist schade.
Witwe: *(tupft sich mit dem Taschentuch eine Träne aus dem Auge)* Er ist vor zwei Jahren gestorben. An Lungenentzündung.
Sa'adja: Wir alle müssen sterben, früher oder später.
Witwe: Zuerst dachten wir, es wäre nur eine Grippe. Er hustete ein wenig, das war alles. Dann hat man ihm Penicillin gegeben...
Sa'adja: Penicillin ist gut. Das hilft. Wenn auch nicht immer... Also er ist nicht zu Hause.
Witwe: Nein. Zu Hause bin nur ich. Ich bin seine Witwe.
Sa'adja: Arme Frau. *(Zieht ein Zeitungsblatt aus der Tasche)* Haben Sie dieses Inserat aufgegeben? *(Liest unter Schwierigkeiten)* »Hauskatze verloren. Hört auf den Namen... *(noch größere Schwierigkeiten)* »...Clarisse.«
Witwe: *(jauchzend)* Clarisse! Ja, das Inserat ist

von mir. Bitte treten Sie ein, lieber Herr!
Clarisse! Sie haben meine Clarisse gefunden?

Sa'adja: *(rührt sich nicht)* Einen Augenblick. Ich bin noch nicht fertig. *(Liest drohend zu Ende)* »Reicher Finderlohn!«

Witwe: *(aufgeregt)* Ja, ja, natürlich. Das versteht sich von selbst. Aber so kommen Sie doch weiter, lieber Herr.

Sa'adja: *(tritt ein, setzt sich, behält den Korb auf den Knien)* Mir brauchen Sie nicht »lieber Herr« zu sagen. Sa'adja. Ich heiße Sa'adja Schabatai. Wegen so einer Katze bin ich noch kein lieber Herr.

Witwe: Es ist nicht »so eine Katze«. Es ist Clarisse. Sie ahnen ja nicht, wie glücklich ich bin, daß Sie sie gefunden haben. Bitte nehmen Sie Platz. Clarisse. Wollen Sie etwas trinken? Mein Liebling. Mein süßer kleiner Liebling.

Sa'adja: Wer?

Witwe: Clarisse. Wie haben Sie sie gefunden? Sie müssen mir alles erzählen! Entschuldigen Sie, daß ich Sie nicht besser empfangen kann. Ich bin eine einsame Witwe. Lesen Sie viele Zeitungen?

Sa'adja: Alle. Aber nur die Verlustanzeigen.

Witwe: Wo ist sie? Wo ist meine Clarisse? Haben Sie jemals etwas so Schönes gesehen? Ich frage Sie, Herr Schabatai, ob Sie jemals etwas so Wunderschönes gesehen haben!

Sa'adja: Katze wie Katze.
Witwe: *(gekränkt)* Ich muß schon bitten. Da gibt es denn doch noch Unterschiede. Meine Clarisse! Die herrlichen grünen Augen... das süße rosa Näschen... das schneeweiße Fell.
Sa'adja: Weiß?
Witwe: Schneeweiß. Fleckenlos weiß. Daran müssen Sie ja sofort erkannt haben, daß sie eine edelrassige Katze ist.
Sa'adja: Ich erkenne gar nichts. Ich kann das nicht unterscheiden. Katzen sind für mich Katzen. Eine mehr, eine weniger, aber etwas anderes ist keine.
Witwe: Wie mag es ihr wohl ergangen sein, meiner armen Clarisse! Wo haben Sie sie gefunden?
Sa'adja: Gefunden? Wieso gefunden?
Witwe: Sie sagten doch, Sie haben –
Sa'adja: Ich? Nicht ich. Ich habe nur gefragt, ob Sie dieses Inserat aufgegeben haben.
Witwe: Ja, gewiß... Aber wenn Sie sie nicht gefunden haben, warum sind Sie dann hergekommen?
Sa'adja: Ich habe nicht gesagt, daß ich sie *nicht* gefunden habe.
Witwe: Jetzt verstehe ich kein Wort mehr.
Sa'adja: Nehmen wir an, ich habe sie gefunden.
Witwe: Wo ist sie?

Sa'adja: An einem sichern Platz. Unter Freunden.
Witwe: Gott sei Dank. Ich hoffe, Sie sind behutsam mit ihr umgegangen.
Sa'adja: Sehr sanft habe ich sie gefangen. Sehr sanft. Mit zwei Fingern... so... beim Schwanz.
Witwe: *(unterdrückt ihr Entsetzen)* Gut, gut. Und jetzt bekommen Sie eine schöne Belohnung.
Sa'adja: Wie schön?
Witwe: Wie es in solchen Fällen üblich ist.
Sa'adja: Üblich genügt nicht. Es ist eine edelrassige Katze. So ein Tier kostet Geld.
Witwe: *(wird unruhig)* Wieviel... was haben Sie sich vorgestellt?
Sa'adja: Das, was die Regierung sagt. Die Regierung sagt alles. Auch was man für eine edelrassige Katze bekommt.
Witwe: Ein Pfund? Eineinhalb Pfund?
Sa'adja: Wofür?
Witwe: Für Clarisse.
Sa'adja: Eineinhalb Pfund für eine gesunde Edelkatze? Ein halbes Kilo Wurst kostet drei!
Witwe: Also zwei Pfund. Das ist sehr viel Geld.
Sa'adja: Vielleicht für einen Hund. Nicht für eine Katze. Ich mache Ihnen einen Vorschlag. Verlieren Sie einen Hund und ich finde ihn für ein Pfund. Wenn er räudig ist, genügen mir 80 Piaster. Eine Katze ist teurer.

WITWE: Warum?
SA'ADJA: Haben Sie schon einen Hund auf einen Baum klettern sehen?
WITWE: Sie haben sie auf einem Baum gefunden?
SA'ADJA: Erst denken, dann reden. Zehn.
WITWE: Was: zehn?
SA'ADJA: Zehn.
WITWE: Zehn Pfund?
SA'ADJA: Das ist der Preis. Zu hoch? Wie viele Katzen findet man schon im Monat? Zwei? Drei? Man muß von etwas leben. Zehn.
WITWE: Für zehn Pfund kann ich mir einen Tiger kaufen.
SA'ADJA: Einen Tiger? Was machen Sie mit einem Tiger? Er frißt Sie zum Frühstück. Einen Tiger will sie ... Solche Weiber müßte man einsperren.
WITWE: *(kramt in ihrer Tasche, die sie durch eine Körperwendung vor den Blicken Sa'adjas deckt)* Zehn Pfund für eine Katze ... unverschämt ...
SA'ADJA: *(versucht den Inhalt der Tasche zu erspähen)* Nur beim ersten Mal. Nächstens finde ich Ihnen eine billigere. Wir können einen Vertrag schließen. Gegen eine monatliche Zahlung von –
WITWE: *(schreit auf)* Sie haben Clarisse gestohlen!

Sa'adja: Sch-sch-sch. Ich bin ein ehrlicher Finder. Sa'adja Schabatai stiehlt nicht. Keine Katze. Wer wird eine Katze stehlen? Wenn man schon etwas stiehlt, dann stiehlt man ein Pferd. Sie glauben, daß *ich* diese zehn Pfund brauche, Frau Schoschanim? Ich weiß, es ist viel Geld. Ich und meine Witwe könnten ein Jahr davon leben. Aber Mordechai muß in die Schule gehen, damit er klüger wird als sein Vater. Und der Lehrer hat gesagt: »Ohne zehn Pfund gibt es keine Schulgeldbefreiung.« Das hat mich auf den Gedanken gebracht, Clarisse zu finden.
Witwe: Wo haben Sie sie gefunden?
Sa'adja: Auf dem Dach.
Witwe: Auf welchem Dach?
Sa'adja: Auf welchem Dach? Auf dem Dach in unserem Barackenlager.
Witwe: In der Zeitung steht, daß es schon längst keine Barackenlager mehr gibt.
Sa'adja: Die Zeitungen müssen etwas schreiben. Wenn Sie mich fragen, werden noch die Kinder von Clarisse in Baracken leben.
Witwe: *(nervös)* Die Kinder?
Sa'adja: Bis jetzt hat sie noch keine. Aber die Zeit vergeht schnell.
Witwe: Na schön. Kommen wir zu Ende. Ich gebe Ihnen die zehn Pfund, aber nur, weil Sie so viel gelitten haben.

SA'ADJA: Ich bin ein sozialer Fürsorgefall.
WITWE: Und jetzt bringen Sie mir Clarisse!
SA'ADJA: Jetzt?
WITWE: Natürlich jetzt.
SA'ADJA: Zuerst den Finderlohn, Frau Schoschanim.
WITWE: Was fällt Ihnen ein? Soll ich eine Katze im Sack kaufen?
SA'ADJA: Sack? *(Deutet auf den Korb)* Das ist ein Sack?
WITWE: *(mit unterdrücktem Jubel)* Clarisse ist in diesem Korb?
SA'ADJA: So Gott will.
WITWE: Zeigen Sie her! Clarisse! Ich will meine Clarisse sehen!
SA'ADJA: Sie können sie hören. *(Hält den Korb an das Ohr der Witwe)* Macht es tick-tack?
WITWE: Nein.
SA'ADJA: *(klopft an den Korb)* Clarisse! Sag der Frau Schoschanim Miau!
WITWE: *(schreit auf)* Clarisse! Ich hab sie gehört! Clarisse!
SA'ADJA: So wie ich sagte.
WITWE: Machen Sie den Korb sofort auf! In dem Korb ist ja keine Luft! Machen Sie ihn auf! Auf was warten Sie?
SA'ADJA: Ich bin wie Ben Gurion. Sicherheit über alles. *(Streckt die Hand aus)* Zehn Pfund.
WITWE: Zuerst Clarisse.

SA'ADJA: Zuerst den Finderlohn.
WITWE: *(bricht in Tränen aus)* Was soll ich mit Ihnen machen...
SA'ADJA: Warten Sie. Lassen Sie mich nachdenken... *(denkt nach)* Also. Damit wir beide sicher gehn, Frau Schoschanim, werde ich bis drei zählen. Wenn ich »drei« sage, dann geben Sie, Frau Schoschanim, mir den Finderlohn in diese Hand, und ich, Sa'adja Schabatai, gebe Ihnen die Katze mit jener. Sehen Sie, so. *(Zeigt es)*
WITWE: Schon gut, schon gut. Machen wir's rasch. *(Nimmt eine Zehnpfundnote heraus)* Clarisse! Jetzt wirst du bald wieder bei mir sein, Clarissilein! Und dann trennen wir uns nie, nie, nie wieder...
SA'ADJA: In dem Korb ist nicht viel Luft.
WITWE: Dann also los, um Himmels willen.
SA'ADJA: Gut. Ich bin soweit. Ich zähle bis drei. Fertig?
WITWE: Fertig.
SA'ADJA: Aber daß Sie sich nicht verspäten!
WITWE: Nein!
SA'ADJA: Es muß auf die Sekunde klappen!
WITWE: Ja!
SA'ADJA: Wie auf einer Uhr.
WITWE *(schluckt verzweifelt)*
SA'ADJA: Also. Damit wir keine Zeit verlieren. In Gottes Namen. Eins – zwei – drei! *(Er zieht*

aus dem Korb eine kleine, magere, pechschwarze Katze heraus und hält sie der verdatterten Witwe hin.) Wo sind die zehn Pfund?
WITWE: Wo ist Clarisse?
SA'ADJA: Hier.
WITWE: Das ist nicht Clarisse.
SA'ADJA: Nicht? Vielleicht ist es auch keine Katze?
WITWE: Sie sind verrückt geworden. Was soll ich mit diesem Tier da machen?
SA'ADJA: Was man eben mit einer Katze macht. Füttern. Pflegen. Dann wird sie schon wachsen.
WITWE: Um keinen Preis der Welt nehme ich diese Katze.
SA'ADJA: Warum nicht?
WITWE: Weil es nicht Clarisse ist.
SA'ADJA: Woher wissen Sie das?
WITWE: Dumme Frage. Ich kenne doch meine Clarisse. Die hier ist viel kleiner als Clarisse.
SA'ADJA: Sie hat vielleicht ein bißchen abgenommen, weil sie so viel zu Fuß gehen mußte. Deshalb wirkt sie nicht wie Clarisse.
WITWE: Reden Sie keinen Unsinn. Diese Katze ist doch pechschwarz. *(Schweigen)*
SA'ADJA: Schwarz.
WITWE: Das sehen Sie doch.
SA'ADJA: Aha. Ich hab's ja gewußt. Sie wollen diese Katze nicht haben, weil sie schwarz ist.

Wenn es eine weiße gewesen wäre, hätten Sie sie genommen!

WITWE: Nein.

SA'ADJA: Eine schwarze wollen Sie nicht im Haus haben, das ist es.

WITWE: Ich möchte...

SA'ADJA: Es kommt Ihnen nicht auf die Katze an, sondern auf die Farbe. Das habe ich mir gedacht. Diskriminierung. Rassenhaß.

WITWE: Ich weiß nicht, wovon Sie sprechen, Herr Schabatai. Ich kenne diese Katze nicht.

SA'ADJA: Nicht? Darf ich vorstellen? Clarisse, das ist Frau Schoschanim... Clarisse...!

WITWE: Sie rufen sie Clarisse?

SA'ADJA: Ich habe ihn von Anfang an Clarisse gerufen, damit er sich daran gewöhnt, daß er Clarisse ist. Aber der Name gefällt ihm nicht. Er ist ein Kater.

WITWE: Und wie heißt er wirklich?

SA'ADJA: Mao-Mao.

WITWE: Was ist das für ein Name?

SA'ADJA: Ich habe ihn so genannt, weil er nicht ganz weiß ist. Aber sonst ist er ein prachtvolles Tier. Ich würde ihn nicht für hundert Clarissen hergeben.

WITWE: Wie können Sie sich unterstehen, die zwei in einem Atem zu nennen!

SA'ADJA: Sehen Sie sich doch einmal seinen Bart an, Frau Schoschanim. Wie das blitzt. So etwas Gescheites von einem Tier gibt es kein zweitesmal. Vor Menschen, die er gern hat, geht er nie über die Straße, weil er weiß, daß schwarze Katzen Unglück bringen. So gescheit ist er.

WITWE: Aber zu mager.

SA'ADJA: Auch das hat seine Vorteile. Er braucht wenig Treibstoff. Rennt den ganzen Tag herum und kommt mit einem halben Liter Magermilch aus. Fängt Mäuse wie ein Besessener.

WITWE: In meinem Haus gibt es aber keine Mäuse.

SA'ADJA: Ich kann Ihnen welche bringen. Außerdem ist Mao-Mao gar nicht so klein, wie er nach außen wirkt. Wenn er will, kann er wie eine Edelrasse ausschauen. Jetzt steht er nicht ganz gerade, weil er Hunger hat. Steh gerade, Dummkopf, wenn man von dir spricht!

WITWE: Warten Sie, ich bringe ihm ein wenig Milch. *(Bringt ihm ein wenig Milch)* Na, trink schön, mein Kleiner... Clarisse hat immer so gerne mit den Kindern unten im Hof gespielt.

SA'ADJA: Kinder? Das ist gut.

WITWE: Sie hat mit ihnen Verstecken gespielt. Die Kinder haben sich versteckt, und Clarisse hat sie gefunden...

Sa'adja: In meinem Barackenlager kann man solche Spiele nicht spielen. Wer soll sich schon in einem einzigen Zimmer verstekken... *(Betrachtet den trinkenden Kater)* Trinkt schön, was? Die kleine rote Zunge arbeitet wie geölt, was?

Witwe: Ich hab's mir überlegt, Herr Schabatai. Sie können ihn hierlassen.

Sa'adja: Trotz allem?

Witwe: Ja. Hier haben Sie Ihre zehn Pfund.

Sa'adja: Wofür?

Witwe: Für Mao-Mao.

Sa'adja: Frau Har-Schoschanim! Zehn Pfund für dieses prachtvolle Tier?

Witwe: Aber das war doch der Preis, den Sie verlangt haben?

Sa'adja: Frau Har-Schoschanim, die zehn Pfund waren der Finderlohn. Jetzt müssen Sie auch noch für die Katze zahlen.

Witwe: Sie machen Witze.

Sa'adja: Ihre Katze war Clarisse. Das hier ist eine vollkommen neue. Fünfzehn Pfund alles zusammen.

Witwe: Das ist nicht schön von Ihnen.

Sa'adja: Nicht schön? Was ich immer sage. Man soll kein weiches Herz haben. *(Steckt den Kater in den Korb zurück.)* Nicht schön, hat sie gesagt. Komm, Mao-Mao. Hier haben wir nichts verloren. Wir gehen nach Hause.

Witwe: Warten Sie. Da sind die fünfzehn Pfund.
Sa'adja: Fünfzehn Pfund?
Witwe: Sie wollten doch fünfzehn Pfund haben?
Sa'adja: Ja. Aber ich hatte den Eindruck, daß Sie nicht damit einverstanden sind.
Witwe: Ich bin einverstanden. Nehmen Sie die fünfzehn Pfund und geben Sie mir den Kater.
Sa'adja: Für die Nachbarkinder?
Witwe: Wollen Sie das Geld haben, ja oder nein?
Sa'adja: Ich brauche es. Damit Mordechai in die Schule gehen kann. Ich brauche es sehr dringend. Gut, zählen wir. Fertig.
Witwe: Ja. Hier ist Ihr Geld.
Sa'adja: Eins... zwei... er fängt keine Mäuse. Ich habe gelogen. Er fürchtet sich vor Mäusen.
Witwe: Macht nichts.
Sa'adja: Gut. Eins... zwei... er wächst auch nicht mehr. Er ist eine Mißgeburt.
Witwe: Zählen Sie weiter.
Sa'adja: Wie Sie wollen. Eins... zwei... drei...
Witwe: *(hält ihm die Banknote hin, die Sa'adja nicht nimmt)* Nehmen Sie!
Sa'adja: Ich will nicht.

Witwe: Was ist los?
Sa'adja: Ich kann nicht.
Witwe: Warum können Sie nicht, um Gottes willen?
Sa'adja: Ich war nicht ehrlich zu Ihnen, Frau Har-Schoschanim. Sa'adja Schabatai war nicht ehrlich. Der Kater gehört meinen Kindern.
Witwe: Aber Sie sagten mir doch, daß Sie ihn gefangen haben?
Sa'adja: Natürlich habe ich ihn gefangen. Ich bin auf das Dach unserer Baracke hinaufgestiegen und habe ihn gefangen. Ich habe ihn gefangen, damit ich Ihre Clarisse aus ihm machen kann. Ich schäme mich. Einen Mann in ein Weib zu verwandeln, für ein paar schäbige Pfunde.
Witwe: So schlimm ist es gar nicht. Wollen Sie noch zwei Pfund haben?
Sa'adja: Frau Har-Schoschanim, meine Kinder lieben ihn über alles. Sie lieben ihn, weil er so schwarz und arm ist. Und jetzt wollen Sie ihn Ihrer Nachbarsbrut hinwerfen. Sie haben kein Herz im Leibe. *(Geht zur Tür)*
Witwe: Warum haben Sie ihn dann überhaupt hergebracht?
Sa'adja: Jetzt bringe ich ihn wieder zurück. Zu Mordechai. Zu meinen Kindern. Er wird mit ihnen Verstecken spielen.

Witwe: Sie treiben mich in den Wahnsinn. Was soll ich jetzt machen?

Sa'adja: Das weiß ich nicht. Fangen Sie sich eine schneeweiße Katze. Mao-Mao ist nicht zu haben. Und nächstesmal geben Sie keine Inserate in die Zeitung. Ich komme nicht mehr! *(Ab)*

Eine Zeitlang hatte es den Anschein, als wäre Franzi, wenn überhaupt, am Geschlechtsleben nur in Form von Gruppensex interessiert, wie wir es ja unter den dramatischsten Umständen erlebt hatten. Einige Monate später mußte ich jedoch entdecken, daß sie in einen struppigen schwarzen Köter ungewisser Herkunft verliebt war, der neuerdings in regelmäßigen Intervallen bei uns auftaucht und den sie offenbar als ihr ständiges Verhältnis betrachtet.
Ich persönlich kann diesen Kerl nicht leiden. Sein ganzes Wesen widerstrebt mir. Er wirkt auf mich wie ein Hippie, und ich lasse ihn nur Franzi zuliebe ins Haus. Bei seinem letzten Besuch, als Franzi gerade in der Küche zu tun hatte, trieb ich meine Gastfreundschaft so weit, ihm den Bauch zu kraulen. Hunde haben das gern. Sie haben es so gern, daß sie sich auf den Rücken legen und die Beine von sich strecken, um das Gekraultwerden richtig zu genießen.
»Liebes Hundi, herziges Hundi«, brummte ich

während des Kraulens vor mich hin. »Hundi freut sich, wenn man ihm Bauch kitzelt, nicht wahr.«

»Keine Spur«, kam laut und deutlich die Antwort. »Ich freue mich überhaupt nicht. Aber ich kann mir nicht helfen. So ist das Leben.«

Ich war einigermaßen verblüfft. Wie? Dieser Wechselbalg von einem Köter, der sich die ganze Zeit auf der Straße herumtrieb und nicht einmal die primitivste Schulbildung besaß, sprach ein fehlerfreies Hebräisch?

»Entschuldigen Sie«, stammelte ich. »Sie verstehen die menschliche Sprache?«

»Alle Hunde verstehen die menschliche Sprache. Sie verheimlichen es nur vor den Menschen.«

»Und warum?«

»Weil uns die Menschen mit ihrem blöden Gequatsche ohnehin schon genug langweilen. Wenn sie auch noch wüßten, daß wir sie verstehen, würde es überhaupt kein Ende nehmen. Aber warum haben Sie aufgehört, meinen Bauch zu kratzen, Herr? Kratzen Sie ruhig weiter, wenn's Ihnen Spaß macht. Kümmern Sie sich nicht um mich. Ich habe gelernt, keinen Widerstand zu leisten. Soll ich auch noch die Zunge heraushängen lassen und ein bißchen mit dem Schwanz wedeln? Oder behaglich knurren?«

Ich wußte nicht recht, was ich antworten sollte. Ich habe keine Erfahrung im Gespräch mit fremden Hunden.
»Jedenfalls«, sagte ich schließlich, »gratuliere ich Ihnen, daß Sie eine so nette Hündin gefunden haben wie unsere Franzi.«
»Nett?«
»Das will ich meinen. Ich brauche nur zu pfeifen – und schon springt sie auf meinen Schoß, um mir das Kinn abzulecken. Manchmal stellt sie sich sogar auf die Hinterbeine, um vielleicht meine Nase zu erreichen. Sie ist mir aufrichtig ergeben.«
»Aufrichtig!« schnarrte der Liebhaber meiner Hündin und zündete sich eine Zigarette an. »Ergeben! Daß ich nicht lache. Sie weiß nicht einmal, was dieses Wort bedeutet. Mich zum Beispiel läßt sie nur in ihre Nähe, wenn sie läufig ist. Und sobald sie bekommen hat, was sie braucht, bellt sie mich zur Tür hinaus. Sie ist noch nie auf den Einfall gekommen, mir ihre Sprößlinge vorzustellen, an deren Zustandekommen doch auch ich beteiligt bin. Und sie hat mir noch nie auch nur einen Bissen ihres Futters übriggelassen, das sie von Ihnen für nichts und wieder nichts bekommt.«
»Zu mir«, unterbrach ich unwillig, »benimmt sie sich immer sehr lieb und freundlich.«

»Kein Wunder. Sie ist ja religiös.«
»Sie ist was?«
»Damit Sie's wissen, mein Herr: Franzi ist im Verkehr mit Hunden ein brutales, egoistisches Geschöpf. Lieb und freundlich ist sie nur zu den Göttern. Und dem Allmächtigen bringt sie eine geradezu fanatische Liebe entgegen.«
»Wer ist der Allmächtige?«
»Sie.«
»Ich?«
»Jawohl, Sie. Aus der Hundeperspektive. Sie sind groß und stark und können schlagen. Sie ernähren Franzi, Sie versorgen sie mit einem Dach überm Kopf und gewähren ihr allen behördlich erforderlichen Schutz. Und was bekommen Sie dafür? Eine tägliche Ration von Schweifwedeln, Auf-den-Hinterbeinen-Stehen, Bitte-bitte-Machen und dergleichen kindische Mätzchen. Das ist ja auch ganz in Ordnung. Menschen interessieren sich ja für einen Hund nur, solange er sich menschlich benimmt. Dann ist er ein liebes Hundi. Na, und darauf gehen wir eben ein. Wir verfallen automatisch in Begeisterung, wenn Sie uns den Bauch kratzen. Wir sind sofort bereit, einen Stock heranzubringen, den Sie irgendwohin geworfen haben, weil wir wissen, daß Sie das glücklich macht. Uns langweilt es maßlos.

Aber schließlich ist es leichter, Theater zu spielen, als hungrig durch die Welt zu streunen.«

»Aus welchen Gründen immer – Hunde sind die treuesten Freunde der Menschen.«

»Der Menschen? Welcher Menschen? Franzi ist *Ihnen* ein treuer Freund, Ihnen und niemandem sonst. Weil *Sie* es sind, der für ihre Existenz sorgt. Haben Sie noch nie das lateinische Sprichwort gehört: Ubi bene, ibi canis? Übersetzt: Der Hund ist dort, wo es ihm gut geht. Bekäme Franzi genügend Nahrung von einem andern, dann wäre *er* ihr Gott. Sie ist streng monotheistisch. Sie glaubt an einen einzigen Gott und verachtet alle anderen, besonders jene, die nicht wohlhabend sind und bei denen es nichts zu holen gibt. Haben Sie noch nie bemerkt, wie wild sie zu bellen beginnt, wenn ein Bettler oder Hausierer vor der Tür auftaucht? Bellt sie aber nicht, dann können Sie Gift darauf nehmen, daß es sich um einen Schwindler handelt, der zu Hause unter der Matratze größere Geldbeträge versteckt hält.«

»Franzi tut auf jeden Fall ihre Pflicht und bewacht unser Haus.«

»Franzi bewacht Ihr Haus? Machen Sie sich nicht lächerlich, Herr. Was Franzi bewacht, ist das Haus, das sie für ihr eigenes hält. Sie

bewacht ihr tägliches Brot. Und sie paßt verdammt gut auf, daß ihr kein anderer Hund was wegnimmt. Was Sie für Bewachung halten, ist der simple Existenzkampf. Man nennt das auch Existentialismus, wenn Sie Ihren Sartre gelesen haben.«
»Ich habe ihn nicht gelesen. Ich bin kein Hund.«
»Nein, gewiß nicht. Es ist ja auch viel angenehmer, der Allmächtige zu sein. Und mit seinem Edelmut zu prunken. Und sich früh, mittags und abends von einer abhängigen Kreatur bewundern zu lassen. Nein, wirklich. Hund bei einem Menschen zu sein, ist ein merkwürdiger Beruf. Ich glaube, wir sind die einzigen Geschöpfe auf Erden, die von der Dummheit der Menschen leben. Entschuldigen Sie bitte.«
Ich verfiel in gelinde Nachdenklichkeit:
»Nun... also dann... was soll ich eigentlich tun?«
»Nichts. Vergessen Sie, was ich gesagt habe, mein Herr. Es war nur Spaß. Und außerdem können Hunde ja gar nicht reden...«
Damit legte er sich auf den Rücken und streckte einladend alle viere von sich, wie es eben die Gewohnheit von Hunden ist, wenn sie am Bauch gekrault werden wollen. Ich kraulte ihn am Bauch, er sah mich an, begann behag-

lich zu knurren und ließ die Zunge heraushängen.
Hunde haben es sehr gern, daß man sie am Bauch krault.

Eines Tages hatte der Impresario Jehuda Sulzbaum den fulminanten Einfall, die berühmtesten Löwenbändiger der Welt mit ihren Dressurakten nach Israel zu bringen und im Stadion von Ramat Gan 25 Galavorstellungen zu veranstalten. Da er ein Mann der raschen Entschlüsse war, flog er sofort nach Amerika, wo es ihm binnen kurzem gelang, mit nicht weniger als neun prominenten Vertretern des Dompteurfaches Verträge abzuschließen. Seine Kalkulation war ebenso einfach wie realistisch:

Lufttransport für 9 Dompteure
und 83 Löwen nach Tel Aviv
(20 Flugzeuge)   Isr. Pfund   54 000,–
Unterkunft und volle Verpfle-
gung im Sharon-Hotel
(25 Tage)   Isr. Pfund   750 000,–
Stadionmiete für 25 Abende
                        Isr. Pfund   25 000,–
Unvorhergesehene Spesen
                        Isr. Pfund   200,–
                                      ─────────
Gesamtsumme   Isr. Pfund   829 200,–

Das Stadion faßt 40 000 Zuschauer, also an 25 Abenden insgesamt eine runde Million. Bei einem Eintrittspreis von fünf Pfund ergibt das 5 Millionen und somit einen Reingewinn von mehr als 4 Millionen Pfund.

In den Zeitungen erschienen spaltenlange Vorankündigungen über das Spektakel, besonders über den Star-Löwen Bejgele, der nur Jiddisch verstand. Für die Pressefotografen war es ein Festtag, als die Löwen auf dem Flughafen Lydda ankamen und von eigens hierfür abgestellten Panzerkolonnen zum Sharon-Hotel eskortiert wurden. Am Abend fand zur Feier des Anlasses ein großes Bankett statt, an dem mehrere Regierungsmitglieder, das gesamte Diplomatische Korps und zahlreiche Persönlichkeiten des öffentlichen Lebens teilnahmen. Der Innenminister brachte einen Toast auf Jehuda Sulzbaum aus, verglich ihn mit seinem größten amerikanischen Kollegen und nannte ihn kurzerhand den »Sol Hurok des Nahen Ostens«. In einer von tiefer Bewegung getragenen Rede erklärte ein Sprecher der Gäste, daß der alte Traum aller Löwenbändiger soeben in Erfüllung gegangen sei: nun wären sie endlich in Indien und könnten auf Tigerjagd gehen...
Von der Hotelküche wurden zur Verköstigung der Löwen 10 Kamele und 30 Esel zubereitet.

Zweihundert Scheinwerfer ergossen ihr strahlendes Licht über die 20 000 Besucher der Galapremiere im Stadion. Dem Programmheft zufolge war die feierliche Eröffnung des Abends dem Bürgermeister von Ramat Gan zugedacht: er sollte den Löwenkäfig betreten, eine Peitsche mit goldenem Stiel erheben und einmal laut knallen. Aus irgendwelchen Gründen lehnte der Bürgermeister diese Prozedur ab, knallte draußen vor dem Käfig und traf die Gattin des italienischen Botschafters in den Nacken; sie wurde unverzüglich in die improvisierte Unfallklinik gebracht und dort behandelt. Nach diesem kleinen Zwischenfall begann die Vorstellung. Löwen kamen, sprangen durch brennende Reifen, gingen auf Seilen, hockten auf Schemeln, stellten sich auf die Hinterbeine und hielten kleine blauweiße Flaggen in den Pranken. Stürmischer Applaus. Dann kamen andere Löwen, sprangen durch brennende Reifen, gingen auf Seilen, hockten auf Schemeln und hielten andere kleine blauweiße Flaggen in den Pranken... Dann kamen noch mehr Löwen... noch mehr brennende Reifen... Seile... Schemel... kleine blauweiße Flaggen... Das Ganze dauerte mehr als sechs Stunden, aber schon nach vier Stunden machten sich unter den Zuschauern gewisse Müdigkeitserscheinungen bemerkbar, und einige der anwesenden Kinder warfen mit Orangenschalen nach den Löwen, Reifen und Seilen.

Der nächste Abend zeigte ein starkes Absinken der Besucherzahl. Im Unterschied zu den respektablen 20 000 der Eröffnungspremiere kamen am zweiten Abend nur 1412 Zuschauer, am dritten nur 407, am vierten 18 und am fünften 7 (einschließlich der 4 Polizisten). Die Einnahmen waren weit davon entfernt, die Spesen zu decken.

Jehuda Sulzbaum, der Impresario, befand sich in einer unangenehmen Lage. Seine Verträge lauteten auf weitere zwanzig Abende, aber er konnte weder die Dompteure noch die Hotelrechnung bezahlen. Die Dompteure waren überdies enttäuscht, weil sie ihre Hoffnungen, in Indien reich zu werden, zerrinnen sahen, und die Löwen waren enttäuscht, weil sie nicht genug zu fressen bekamen. Am sechsten Tag wurden ihnen nur noch 3 Kamele und 9 Esel serviert, am siebenten nur noch 6 Esel, was für 83 Löwen entschieden zu wenig ist. Die hungrigen Bestien brachen in grauenerregendes Brüllen aus, das die Hotelgäste empfindlich störte. Nach zehn Tagen teilte die Leitung des Sharon-Hotels dem Impresario Sulzbaum mit, daß es die Löwen mitsamt ihren Bändigern delogieren würde, wenn die aufgelaufenen Rechnungen nicht innerhalb 48 Stunden bezahlt wären.

Sulzbaum, nicht faul, lehnte es ab, sich erpressen zu lassen. Am nächsten Tag wurden die Löwen delogiert, teilten sich in kleinere Gruppen und erschienen immer dort, wo man sie am wenigsten erwartete. Als Senator Alfonso Goldstein, der Vorsitzende des United Jewish Appeal für Uruguay, ihrer Freßlust zum Opfer fiel, bemächtigte sich der Bevölkerung größtes Entsetzen, und die Presse forderte ein sofortiges Einschreiten der Polizei. Die Polizei erklärte, daß sie mit dieser ganzen Angelegenheit – die ja auf finanzielle Unstimmigkeiten zurückginge – nichts zu tun hätte und außerdem über kein Budget für Löwenjagden verfügte. Das Fremdenverkehrsamt erwog daraufhin die Veranstaltung von Großwildjagden, kam jedoch zu keinem praktischen Ergebnis.
Nach dem Verschwinden des Impresarios Sulzbaum legten die Behörden der Schweizer Gesandtschaft nahe, für die Evakuierung der Löwen zu sorgen, da diese eine Gefahr für das Leben der in Israel befindlichen Schweizer Bürger darstellten. Unter Berufung auf die geringe Zahl der möglicherweise Betroffenen lehnte der Schweizer Gesandte den Vorschlag ab. Ebenso erfolglos blieb ein an die Regierung der Vereinigten Staaten gerichteter Appell um technischen Beistand unter Punkt 4 des Hilfsprogramms für Entwicklungsländer.

Mittlerweile setzten die Löwen ihr unverantwortliches Treiben fort. In Herzliah verschlangen sie innerhalb eines einzigen Tages 32 Personen und fügten damit dem Ruf dieser Ortschaft als Kur- und Erholungszentrum schweren Schaden zu. Die Löwenbändiger ihrerseits verlegten sich auf Banküberfälle und Straßenraub. Etwa drei Wochen später wurden im ganzen Land verwahrloste Löwen gesichtet. Einer von ihnen nistete sich im Gebäude der Gewerkschaftszentrale ein und riß dort einen Beamten pro Tag, ohne daß man den Verlust bemerkt hätte. Erst als der Mann, dem die Teeversorgung oblag, nicht mehr kam, wurde man sich darüber klar, daß man einen Löwen im Haus hatte. Die Armee wurde beauftragt, Regierungsgebäude und Parteihäuser mit Drahtverhauen zu sichern.

Sulzbaum befand sich um diese Zeit an der Riviera und empfahl dem Finanzministerium telefonisch, die Kosten für den Abtransport der Löwen durch eine Zigaretten-Sondersteuer aufzubringen.

Schließlich gelang es der Regierung, die UNESCO zu überzeugen, daß es im Sinne der internationalen Konvention über die Verhinderung von Massenmord ihre Sache wäre, sich der Löwen anzunehmen. Daraufhin besorgte ein von der UNESCO gechartertes Schiff unter schwedischer Flagge den Abtransport der noch verbliebenen 21 Löwen. Die übrigen waren verhungert oder hatten sich in der Wüste Negev niedergelassen. Von den Löwenbändigern überlebten insgesamt fünf die verschiedenen Schußwechsel mit der Polizei. Sie protestierten gegen die feindselige Haltung der Behörden, erklärten jedoch andererseits, daß ihre Löwen vom Geschmack des israelischen Publikums begeistert wären.

»SAG SCHALOM«

Die Sache begann damit, daß mein Töchterchen Renana, wie bekannt unsere Jüngste, mit demonstrativer Eilfertigkeit den Stuhl für mich zurecht rückte, kaum daß ich an den Tisch getreten war. Als nächstes erkundigte sich mein zweitgeborener Sohn Amir, ob ich vielleicht möchte, daß er meinen Wagen wäscht. Und schließlich überraschte mich die beste Ehefrau von allen mit der Mitteilung, daß ich in der jüngsten Zeit ein paar wirklich hervorragende Geschichten geschrieben hätte.
»Nützt alles nichts«, sagte ich. »Ihr bekommt keinen Papagei.«
Des Übels Wurzel war, daß unser Nachbar Felix Seelig eines Tages einen Papagei nach Hause gebracht hatte, über den meine Familie in helle Begeisterung geriet. Angeblich konnte er mehrere Sprachen sprechen, konnte lachen – ein glucksendes Lachen, so ähnlich wie Graf Dracula, es ist zu komisch, Pappi – und konnte sogar »rrr« machen wie eine richtige Weckeruhr...
»Das mit der Weckeruhr stimmt«, nickte Felix

Seelig, als er mir vor ein paar Tagen begegnete, schwarze Ringe unter den Augen von den vielen schlaflosen Nächten. »Wollen Sie ihn kaufen?«
Ich wollte nicht. Warum soll ich Felix Seeligs Papagei kaufen, wo wir doch schon einen zu Hause haben? Gestern nämlich, nach einem Frontalangriff aller meiner Lieben, hatte ich Zlobniks Tierhandlung aufgesucht und ein Prachtexemplar mit graugrünem Federkleid erworben.
»Unter einer Bedingung«, warnte ich den alten Zlobnik. »Das Vieh kann reden, soviel es will – aber wehe, wenn es läutet. Ich wünsche in meinem Haus keine Alarmvorrichtungen.«
Zlobnik verpfändete sein Ehrenwort, daß unser Papagei sich wie ein menschliches Wesen benehmen und lediglich reden würde.
»Diese grauen Afrikaner sind die gescheitesten von allen«, behauptete er. »Da hat mir neulich ein Polizist, mit dem ich befreundet bin, eine Geschichte erzählt, hören Sie zu. Plötzlich geht bei ihm auf der Wachstube das Telefon, er hebt ab, und der Anrufer meldet, daß soeben eine große Katze in sein Zimmer gekommen ist. Sagt mein Freund: ›Na wenn schon. Das ist doch kein Grund, die Polizei anzurufen.‹ Sagt die Stimme: ›Für mich schon. Hier spricht der Papagei.‹ Gut, was?«

Nachdem Zlobnik zu Ende gelacht hatte, gab er mir noch einige Ratschläge für die Behandlung des Papageis. Der Papagei, so schärfte er mir ein, sei von geselliger Wesensart, liebe den Kontakt mit Menschen und lasse sich gern verwöhnen. Ich sollte ihm zuerst beibringen, sich auf meine Finger zu setzen, und erst dann mit dem Sprechunterricht beginnen. Jeder Erfolg sei mit einer Erdnuß zu belohnen, empfahl Zlobnik. »Aber geben Sie acht, daß er Ihnen mit dem Schnabel nicht zu nahe kommt, der kleine Fresser!« schloß er wohlgelaunt.
Die Bezeichnung »Fresser« gab mir zu denken. Eigentlich hatte ich eine Fresserin haben wollen, aber zwischen männlichen und weiblichen Papageien gibt es anscheinend keinen Unterschied, zumindest keinen feststellbaren. Der Papagei scheint ein puritanischer Vogel zu sein, der sich als Gefangener unter Menschen nicht fortpflanzt; wahrscheinlich auch sonst nicht. Er ist der geborene Junggeselle und kennt keine andere Leidenschaft als das Reden. Darin gleicht er den Politikern.
»Ich übernehme seine Erziehung«, erbot sich mein Sohn Amir. »In spätestens einer Woche begrüßt er jeden Besucher mit einem lauten Schalom, verlaßt euch auf mich.«
Gleich am nächsten Tag setzte sich Amir vor den Käfig, steckte den Finger hinein, schrie

auf, zog den Finger wieder heraus und begann die erste Lektion: »Sag Schalom! Sag Schalom! Sag Schalom! Sag Schalom! Sag Schalom!...«
Raummangel verbietet mir, den vollständigen Text des Unterrichts wiederzugeben. Jedenfalls war es Amir, der nachher die Erdnüsse aß. Der Papagei hatte ihn aus glasigen Augen angestarrt, stumm wie der Goldfisch in Zlobniks Tierhandlung, und bei diesem Verhalten blieb er. Unsere Besucher hörten von ihm weder ein Schalom noch sonst etwas. »Er ist heute nicht in der richtigen Laune«, murmelten wir verlegen. Drei Wochen lang hielt Amir durch. Wir unterstützten ihn mit Erdnüssen und Bananen, wir versuchten abwechselnd durch freundlichen Zuspruch und bittere Vorwürfe auf den Vogel einzuwirken, wir baten und schimpften, wir kitzelten ihn und kratzten ihn – ohne Erfolg. Allmählich begannen wir uns damit abzufinden, daß uns der alte Gauner Zlobnik einen taubstummen Papagei verkauft hatte.

Und dann, an jenem unvergeßlichen Morgen, als mich ein wichtiger Anruf aus Übersee erreichte, der unter so fürchterlichen atmosphärischen Störungen litt, daß ich nicht einmal den Namen des Anrufers verstand –

erklang es plötzlich laut und klar hinter mir: »Sag! Sag! Sagsagsag!...«
Er hatte also doch angebissen, unser Papagei, wenn auch am falschen Ende. Immerhin stand jetzt fest, daß er belehrbar war, daß er sich abrichten ließ, daß er reden konnte. Er brauchte dazu nur ein Überseegespräch mit möglichst schlechter Verbindung, dann ging's schon.
Amir schwor, dem verdammten Vogel das Schalom-Sagen beizubringen, oder er würde ihm alle graugrünen Federn ausreißen. Wie es sich für ein Kind unseres technischen Zeitalters gehört, baute er in den Käfig ein Tonband ein, das dem widerspenstigen Insassen ununterbrochen das selbe Wort vorsagte: »Schalom... Schalom... Schalom...«
Das Band lief so lange, bis die Batterie leer war. Nichts geschah.
Aber ein paar Tage später, gerade als im Fernsehen die Abendnachrichten begonnen hatten, erklang es aus dem Käfig:
»Wer! Wer-wer! Werwerwer!«
Was »wer«? Wieso »wer«? Wer »wer«? Erst nach längerem Nachdenken kam ich dahinter, daß es sich nur um meinen überseeischen Anrufer handeln konnte. Wieder ein kleiner Fortschritt. Wir beschlossen, unseren Papagei fortan Werwer zu nennen. »Man muß«,

erklärte ich meiner Familie, »dem Tier ein wenig entgegenkommen, ob es Schalom sagt oder nicht.«
Allem Anschein nach lagen die größeren Chancen bei »oder nicht«. Am folgenden Wochenende erweiterte Werwer sein Vokabular in eine gänzlich andere Richtung:
»Wuff!« bellte er. »Grr-wauwau.«
Offenbar hatte auch Franzi, unsere gemischte Rassehündin, einen Anruf aus Übersee bekommen. Sie bellte zurück, und seither plaudern die beiden oft stundenlang miteinander, es sei denn, daß wir Besuch haben. Dann verstummt Werwer sofort.
Andererseits hat er tanzen gelernt. Wenn man ihm »Halleluja« vorsingt und sich dabei in den Hüften wiegt, schaukelt er mit, allerdings ohne zu singen. Er pfeift. Das macht er den Fußballschiedsrichtern nach, die im Fernsehen auftreten. Am liebsten übt er in den späten Nachtstunden, zwischen Sagsagsag und Werwerwer.
Ich ging zu Zlobnik und erhob Klage:
»Unser Papagei bellt bei Tag und pfeift bei Nacht. Was ist mit Ihrem Ehrenwort? Ich kann nicht schlafen.«
»Natürlich nicht«, erwiderte der erfahrene Tierhändler. »Sie müssen den Käfig bei Nacht zudecken.«

Und er verkaufte mir eine dicke Plastikhülle, belgisches Erzeugnis, garantiert pfiffdicht. Ich ging nach Hause, stülpte bei Einbruch der Dunkelheit die Hülle über den Käfig, ging zu Bett und schlief wie ein Mehlsack bis 3 Uhr früh, als die beste Ehefrau von allen aufstand und die Hülle wieder entfernte.

»Soll das arme Tier im Gefängnis leben?« fragte sie. Ihrem humanen Empfinden machte das alle Ehre. Dem Papagei machte es Freude. Meinen Schlaf machte es zunichte. Manchmal bedauere ich, daß Papageien nicht fliegen können.

Als Renana sich eine Erkältung zuzog, begann Werwer prompt zu husten. Renana erfreut sich als einziges Mitglied unserer Familie der Zuneigung Werwers. Das zeigt sich immer wieder und hatte eines Tages böse Folgen.

Wenn das kluge Kind Renana allein zu Hause ist, öffnet sie niemals die Tür, ohne vorher mit ihrer lieben kleinen Kinderstimme zu fragen: »Wer ist da?« Einmal aber war Werwer allein zu Hause. An diesem Nachmittag geschah es. Der Mann von der Wäscherei brachte unsere Wäsche und läutete an der Türe. Von drinnen kam eine liebe kleine Kinderstimme:

»Wersda?«

»Die Wäsche«, antwortete der Wäschemann.

»Wersda?« erklang es noch einmal.

»Der Mann mit der Wäsche.«
»Wersda?«
»Die Wäsche!«
»Wersda?«
»Die Wä-ä-sch-e!«
Wie lange das phonetische Drama dauerte, weiß niemand. Als wir gegen Abend nach Hause kamen, fanden wir den Garten voll mit Hemden, Unterhosen und Taschentüchern, überallhin verstreut wie die Juden in der Diaspora. Der Mann von der Wäscherei, so hörten wir, war mit einem Schreikrampf und wild um sich schlagend von einer Ambulanz ins Krankenhaus gebracht worden...
Vorsichtig betraten wir die Wohnung. Ein heiserer Zuruf begrüßte uns:
»Wäsche! Wäsche! Wäschewäschewäsche!...«
Zusammen mit Sagsag, Werwer, Wuffwuff, Wersda und verschiedenen Formen des Hustens ergab das einen recht ansehnlichen Wortschatz. Und bald darauf erfolgte mit Hilfe der Weltgeschichte die von uns allen angestrebte Lösung.
Stundenlang saßen wir in diesen Tagen vor dem Bildschirm und ließen die langen, dornigen Friedensverhandlungen an uns vorüberziehen, von Camp David bis El Arisch, Tag für Tag. Und immer wieder kam da ein Wort zu prominenter Geltung: das Wort Schalom.

Am vierten Tag war es soweit.
»Schalom!« krächzte Werwer.
Unser Papagei ist eine Taube geworden.

Die folgende Geschichte wäre niemals geschrieben worden, hätte es in dem vor kurzem eröffneten Restaurant Martin & Maiglock nicht diese riesenhaften Steaks gegeben, die wie eine gezielte Demonstration gegen die Sparmaßnahmen unseres Ernährungsministers aussahen.
Wir – die beste Ehefrau von allen, die drei Kinder und ich – nehmen unser Mittagessen jeden Samstag bei Martin & Maiglock ein, und jeden Samstag stellen sie diese fünf Riesenportionen vor uns hin. Beim erstenmal glaubte ich noch an einen Irrtum oder an eine ausnahmsweise erfolgende Kundenwerbung. Aber es war, wie sich alsbald erwies, keine Ausnahme. Es war die Regel, und sie macht besonders den Kindern schwer zu schaffen. Verzweifelt starren sie auf ihre Teller, die nicht leer werden wollen:
»Mami, ich kann nicht mehr...«
Oder sie weinen stumm vor sich hin.
Und es ist ja wirklich zum Heulen, auch für die Erwachsenen. Denn die Steaks im Restaurant

Martin & Maiglock sind von erlesener Güte, und man wird ganz einfach trübsinnig bei dem Gedanken, daß man bestenfalls die Hälfte aufessen kann und die andere Hälfte zurücklassen muß.
Muß man?
»Warum nehmen wir den Rest nicht mit nach Hause?« flüsterte eines Samstags die beste Ehefrau von allen. »Mehr als genug für ein ausgiebiges Nachtmahl!«
Sie hatte recht. Es fragte sich nur, wie ihr hervorragender Plan zu verwirklichen wäre. Schließlich kann man sich nicht mit Händen voller Steaks aus einem dicht gefüllten Restaurant entfernen. Andererseits erinnere ich mich mit Schaudern an jene halbe Portion Hamburger, die ich einmal in eine Papierserviette eingewickelt und achtlos in meine hintere Hosentasche gesteckt hatte. Auf dem Heimweg tätigte ich einen kleinen Einkauf, wollte zahlen, griff nach meiner Geldbörse und zog eine unappetitliche, klebrige, senfdurchtränkte Breimasse hervor... Nein, dergleichen sollte mir nie wieder passieren. Keine Schmuggelversuche. Alles muß streng legal vor sich gehen.
Ich rief Herrn Maiglock an den Tisch:
»Hätten Sie wohl die Freundlichkeit, diese Überbleibsel einzupacken? Für unseren Hund!«

Während ich mich noch über das Raffinement freute, mit dem ich Franzi, unser vielgeliebtes Familienmitglied, als Tarnung vorgeschoben hatte, kam Herr Maiglock aus der Küche zurück. In der Hand trug er einen gewaltigen Plastikbeutel, im Antlitz ein freundliches Lächeln: »Ich hab' noch ein paar Knochen dazugetan«, sagte er.

Es müssen mindestens 15 Pfund Elefantenknochen gewesen sein, vermehrt um allerlei Leber- und Nierengewächs und was sich sonst noch an Speiseresten in den Abfallkübeln des Restaurants Martin & Maiglock gefunden hatte.

Wir nahmen den Sack unter lebhaften Dankesbekundungen entgegen, leerten ihn zu Hause vor Franzi aus und flüchteten.

Franzi verzehrte den anrüchigen Inhalt mit großem Appetit. Nur die Steaks ließ sie stehen.

Am folgenden Wochenende, um einiges klüger geworden, änderte ich meine Strategie:

»Herr Maiglock, bitte packen Sie das übriggebliebene Fleisch für unseren Hund ein. Aber geben Sie bitte nichts anderes dazu.«

Das war ein einfacher, leicht zu erfüllender Wunsch, sollte man meinen.

Man meint falsch.

»Warum nichts anderes?« erkundigte sich Herr

Maiglock. »In unserer Küche wimmelt es von Leckerbissen für Ihren vierbeinigen Liebling!«
Ich erklärte ihm die Sachlage:
»Unsere Franzi ist ein sehr verwöhntes Tier. Sie will nur Steaks haben. Nichts als Steaks. Vom Grill.«
An dieser Stelle mischte sich vom Nebentisch her ein lockiger Gelehrtenkopf ins Gespräch:
»Sie machen einen schweren Fehler, mein Herr. Sie verpassen dem armen Tier eine denkbar ungeeignete Nahrung.«
Der Lockenkopf gab sich als Veterinär zu erkennen und setzte, meiner Proteste nicht achtend, seinen Vortrag laut hörbar fort:
»Das Abträglichste für das Verdauungssystem eines Hundes ist gegrilltes oder gebratenes Fleisch. Wahrscheinlich wird Ihr Hund daraufhin nicht mehr wachsen. Zu welcher Rasse gehört er?«
»Es ist ein Zwergpudel«, replizierte ich hämisch. »Und außerdem eine Hündin.«
Damit kehrte ich meinem Quälgeist den Rücken und bat Herrn Maiglock, die Steaks, wenn er uns denn unbedingt noch etwas anderes mitgeben wollte, gesondert zu verpacken.
Alsbald brachte Herr Maiglock die sorgfältig in Zeitungspapier eingewickelten Steaks.
»Was soll das?« brüllte ich ihn an. »Haben Sie keinen Plastikbeutel?«

»Wozu?« fragte Herr Maiglock.
Ich schwieg. Wie sollte ich diesem Idioten begreiflich machen, daß ich keine Lust auf Steaks hatte, an denen noch die Reste eines Leitartikels über Kissingers Verhandlungen mit Sadat klebten.
Auf der Heimfahrt schleuderte ich das Zeitungspaket zum Wagenfenster hinaus.
Aber so leicht gebe ich nicht auf. Am nächsten Samstag erschienen wir mit unserem eigenen Plastikbeutel, und der lockenköpfige Veterinär mußte in hilflosem Zorn mitansehen, wie wir das schädliche Material in hygienisch einwandfreier Verpackung forttrugen.
Es reichte für drei Tage und drei Nächte. Wir hatten Steak zum Abendessen, Steak zum Mittagsmahl, Steak zum Frühstück. Franzi lag daneben, beobachtete uns aufmerksam und verschmähte die ihr zugeworfenen Happen.
»Ephraim«, seufzte die beste Ehefrau von allen, als wir am Samstag wieder bei Martin & Maiglock Platz nahmen, »Ephraim, ich kann kein Steak mehr sehen, geschweige denn essen.«
Sie sprach mir aus der Seele, die Gute, aus der Seele und aus dem Magen. Auch die Kinder klatschten in die Hände, als wir Schnitzel bestellten. Und wir bestellten sie sicherheitshalber bei Herrn Martin.
Herr Maiglock, der liebenswürdige Kretin, ließ

sich dadurch in keiner Weise beirren: Nach vollzogener Mahlzeit brachte er einen prall mit Steakresten gefüllten Plastiksack angeschleppt.
»Für Franzi!« sagte er.
Von da an konfrontierte uns allsamstäglich das Problem, wie wir die sinnlosen Angebinde loswerden sollten. Man kann ja auf die Dauer nicht durch die Stadt fahren und Fleischspuren hinter sich lassen. Über kurz oder lang erscheint dann in einer führenden Literaturzeitschrift eine Glosse mit der Überschrift: »Fleischer oder Schreiber?«

Endlich hatte ich den erlösenden Einfall. Kaum saßen wir an unserem Samstagmittagstisch, wandte ich mich mit trauriger Miene und ebensolcher Stimme an Herrn Maiglock:
»Bitte keine Steaks mehr. Franzi ist tot.«
In tiefem Mitgefühl drückte mir Herr Maiglock die Hand.
Am Nebentisch aber erhob sich der Hundefutterfachmann und stieß einen empörten Schrei aus:
»Sehen Sie! Ich hatte Sie gewarnt! Jetzt haben Sie das arme Tier umgebracht!«
Rafi, unser Ältester, murmelte etwas von einem Verkehrsunfall, dem Franzi zum Opfer gefallen sei, aber das machte die Sache nicht besser. Die Stimmung war gegen uns. Wir

schlangen unsere Mahlzeit hinunter und schlichen mit schamhaft gesenkten Köpfen davon. Auf dem Heimweg fühlten wir uns wie eine Bande von Mördern. Wäre Franzi tot auf der Schwelle unseres Hauses gelegen – es hätte uns nicht überrascht.

Zum Glück empfing sie uns mit fröhlichem Gebell, wie immer. Es war alles in bester Ordnung.

Eine Zeitlang blieb es dabei. Wir lebten friedlich dahin, unbeschwert von Steakproblemen jeglicher Art. Es gibt ja auch noch andere Restaurants als Martin & Maiglock.

»Eigentlich könnten wir wieder einmal zu Martin & Maiglock gehen«, ließ sich am letzten Samstag die beste Ehefrau von allen vernehmen, beiläufig und absichtslos.

»Ja«, bestätigte ich. »Warum eigentlich nicht. Dort bekommt man sehr gute Steaks.«

Schlimmstenfalls werden wir Herrn Maiglock mitteilen, daß wir uns einen neuen Hund gekauft haben.

DAS TAL DER MILLIONEN

Drei Tage lang lümmelten wir in den Deckstühlen an Bord des Stolzes der israelischen Handelsmarine, der SS »Jerusalem«. Am dritten Tag weckten uns laute Freudenschreie, die auf dem ganzen Schiff widerhallten: »Land! Land!« Vor uns, geheimnisvoll von Morgennebel umhüllt, tauchten die Umrisse der Insel Rhodos auf, von deren märchenhafter Schönheit uns viele Passagiere verzückt erzählt hatten. Es sei etwas absolut Einmaliges, sagten sie. Überwältigendes Panorama. Ewiger Sonnenschein. Billige elektrische Bügeleisen. Ein Traum.
Geistig waren wir auf die Landung seit langem vorbereitet. Gleich als wir in See stachen, hatte uns das Schwarze Brett eine gemeinsam mit den Inselbehörden organisierte Tour zu einem landschaftlichen Weltwunder angekündigt, zum »Tal der Millionen Schmetterlinge«. Die Routiniers unter uns, die das schon kannten, erinnerten sich mit träumerischen Augen an die unübersehbaren Mengen der buntfarbigen Geschöpfe mit ihren hauchzarten Flügelchen... und wie sie im Sonnenschein glitzer-

ten... und wie sie sich vom azurnen Himmel abhoben... und welch einen unvergeßlichen Anblick sie boten...

Kaum hatte die »Jerusalem« Anker geworfen, als sie auch schon von einer Unzahl eingeborener Motorboote umschwärmt war, die danach lechzten, uns an Land zu bringen. Ich beugte mich über die Reling und winkte einen der Bootsmänner herbei, einen stämmigen alten Seebären mit blitzenden Augen. Eingedenk der Ermahnungen, die mir erfahrene Reisende mitgegeben hatten, erkundigte ich mich im voraus nach dem Fahrpreis:

»How much? Wieviel? Combien?«

»Cinquecento!« rief der Alte zurück.

»Haha!« Ich stieß ein selbstbewußtes Lachen aus und ließ mich durch meine mangelnden Italienischkenntnisse nicht einschüchtern: »Sechstausend Lire und keinen Peso mehr!«

»Gut.« Mit überraschender Schnelligkeit gab der Alte nach. Wir torkelten den Laufsteg hinunter und sicherten uns einen Platz in der Nähe des Lenkrades.

Der Seebär wartete geduldig, bis sein Kahn überfüllt war und zu kentern drohte. Dann warf er den Motor an. Dröhnend und prustend begann der Weg über die dreihundert Meter, die uns vom Ufer trennten. Zufällig betrug auch die Stundengeschwindigkeit des Motor-

boots dreihundert Meter. Das benützte der Alte, um uns mit der Geschichte der Insel Rhodos vertraut zu machen, wobei er sich gleichzeitig dreier Sprachen bediente. In einsprachiger Notübersetzung lauteten seine Mitteilungen ungefähr wie folgt:
»Vor langer Zeit waren wir von den Römern besetzt. Dann waren wir von den Byzantinern besetzt, die so lange blieben, bis uns die Moslems besetzten. Dann besetzten uns die Johanniter. Sie bauten Rhodos zu einer Festung gegen die Türken aus, konnten aber nicht verhindern, daß wir schließlich doch von ihnen besetzt wurden. Nämlich von den Türken. Nach den Türken kamen die Italiener. Und was taten die Italiener? Sie besetzten uns. Allerdings waren wir dann eine Zeitlang wieder von den Türken besetzt, bis die Italiener zurückkamen. Dann kamen die Deutschen, dann kamen die Griechen, und dort halten wir jetzt.«
Auf unsre Frage nach der besten aller bisherigen Besetzungen kratzte sich der alte Seebär den Hinterkopf und meinte, daß es da eigentlich keine großen Unterschiede gäbe. Hauptsache, man wäre besetzt und bliebe von der Unabhängigkeit verschont, die doch nur höhere Steuern brächte. Gegen den derzeitigen Zustand hätte er schon deshalb nichts einzuwenden, weil er selbst von Griechen

abstamme. Seine Söhne hingegen seien Türken. Es könne sich aber auch umgekehrt verhalten – bei diesem ständigen Hin und Her von Besetzungen wüßte man das nie so genau. Dann schilderte er uns in kurzen Worten die Wichtigkeit der besetzten Insel in neuerer Zeit: zum Beispiel sei hier im Jahre 1948 der Waffenstillstand zwischen den Arabern und den verdammten Juden unterzeichnet worden. Wir machten den alten Seebären schonend darauf aufmerksam, daß wir den letztgenannten zugehörten, worauf er sich mit der glaubwürdigen Erklärung entschuldigte, daß er uns aufgrund unserer gutturalen Sprechweise für verdammte Araber gehalten hätte.

Unter derlei munteren Gesprächen wurde unser Boot schließlich an Land gezogen und vertäut. Die Erlebnishungrigen unter uns sahen sich außerstande, auf den versprochenen Charterautobus zu warten, der uns zum »Tal der Millionen Schmetterlinge« bringen sollte. Wir hielten Ausschau nach einem Taxi. Der Chauffeur bemühte sich, den Fahrpreis auf unsere Begeisterungsfähigkeit abzustimmen:
»Sie dürfen diese Fahrt um Himmels willen nicht versäumen«, beschwor er uns. »Es würde Ihnen für den Rest Ihres Lebens leid tun. Touristen aus der ganzen Welt, darunter die berühmtesten Botaniker, Ornithologen, Lepi-

dopterologen und Gynäkologen kommen eigens hierher, um das Tal der Millionen Schmetterlinge zu sehen...«
So feilschten wir noch eine Weile fort, bis wir endlich, erschöpft und schweißgebadet, in dem klapprigen Fahrzeug verstaut waren und losrumpelten. Der Fahrer tat das Seine, um unsere Erwartungen ins Maßlose zu steigern. Wir würden, so sagte er, ein übernatürliches Naturphänomen zu sehen bekommen, das in der ganzen Welt kein Gegenstück besäße und von dem nur Gott allein wisse, wie es überhaupt zustande gekommen sei. Einer bestimmten wissenschaftlichen Theorie zufolge strömten die Bäume dieser Gegend zur Blütezeit ein ganz besonderes Aroma aus, das die liebestrunkenen Schmetterlinge von weither anlockte, bis sie, zu fast schon undurchdringlichen Wolken geballt und alle Regenbogenfarben spielend, das ganze Tal erfüllten.
Als wir dem Wagen entstiegen, fieberten wir vor Erregung. Dicht vor uns ragte ein Berg mit einem gewundenen Fußpfad auf, der durch einen großen Wegweiser gekennzeichnet war: »300 m zum Tal der Millionen Schmetterlinge.« Der Fahrer empfahl uns, Distanz zu halten, damit die Schmetterlinge nicht über uns herfielen. Wir schlugen seine feige Warnung in den Wind. Das heißt, wir hätten sie in den Wind

geschlagen, wenn es einen Wind gegeben hätte. Es gab aber keinen Wind. Es war drükkend heiß und vollkommen windstill. Nun, das focht uns nicht an. Wir begannen den Aufstieg. An einer Biegung des engen Wegs erwartete uns ein Mann mit einer imposanten Armbinde, der sich als offizieller, von der Regierung entsandter Führer vorstellte. Wir verhielten uns ablehnend, aber er bestand darauf, uns zu führen – auch als wir ihm erklärten, daß wir nichts zahlen würden.
»Zahlen?« fragte er erstaunt. »Wer spricht von zahlen?«
Da wir rein menschlich gegen den Mann nichts einzuwenden hatten, ließen wir ihn mitgehen. Er setzte sich sofort an die Spitze und begann – offenbar selbst aufs tiefste beeindruckt – die Schönheiten der Gegend zu lobpreisen: »Zur rechten Hand – ja, dort, folgen sie meiner Armbewegung – dort sehen Sie einen Wald. Links schäumt ein Bach dahin. Entlang dieses Baches führt der Weg, den wir jetzt gehen. Darüber das berühmte Blau des berühmten Himmels von Rhodos...«
Nachdem wir eine halbe Stunde gestiegen und von unsrem Führer auf alle verborgenen Wunder der Natur hingewiesen worden waren, raffte sich ein weibliches Mitglied unserer Gruppe zu einer Frage auf:

»Wann bekommen wir endlich die Schmetterlinge zu sehen?«
Zufällig standen wir gerade vor einem Wegweiser mit der Aufschrift »800 m zum Tal der Millionen Schmetterlinge«. Unsere Blicke richteten sich scharf auf den Führer. Er meinte, daß wir uns keine Sorgen machen sollten – wahrscheinlich hätten sich die Schmetterlinge ins Innere des Tals zurückgezogen.
»Aber wenn Sie müde sind, können wir umkehren«, fügte er hinzu.
»Umkehren?« klang es ihm höhnisch entgegen.
»Umkehren und keine Schmetterlinge sehen? Los, gehen wir!«
Die Steigung wurde immer stärker, die Hitze immer drückender. Verbissen kletterten wir weiter und bemühten uns, keine Nervosität zu zeigen.
Der Schreiber dieser Zeilen hat in seinem ereignisreichen Leben mehrere Wälder gesehen und in jedem von ihnen mehrere Schmetterlinge; wenn auch nicht Millionen von ihnen, so doch mehr als einen. Und gerade hier, gerade in diesem weit hingestreckten Wald, sollte es keinen einzigen Schmetterling geben?
Sogar dem Führer schien das allmählich aufzufallen. Er trat in immer kürzeren Intervallen an die zunächststehenden Bäume heran, schüttelte sie und ließ dazu den Begattungsruf der

Schmetterlingsweibchen hören, wie ihn die Eingeborenen auf Rhodos von den byzantinischen Besatzungstruppen gelernt hatten. Aber er fand keine Abnehmer.

»Wollen wir nicht doch umkehren?« fragte er schließlich mit drängender Stimme und einem Ausdruck von animalischer Furcht in den Augen.

Wir ließen ihn nicht im Zweifel, daß wir keinen Schritt zurück tun würden, ohne die von der Regierung bindend zugesagten Schmetterlinge gesehen zu haben.

Wortlos erkletterte der Mann einen spitz emporragenden Felsblock und ließ seinen Arm bis zur Schulter in einer oben befindlichen Spalte verschwinden. Nach einer Weile vergeblichen Wühlens zog er ihn wieder hervor.

»Was ist denn heute los«, brummte er mißmutig. »Hier gab's doch immer einen... mit weißen Streifen... Morris!« brüllte er in die Spalte. »Morris!«

Nichts geschah. Reglos, stumm und vorwurfsvoll umstanden wir den Führer. Wir waren etwa zehn Kilometer von unsrem Taxi entfernt. Die Atmosphäre ließ deutlich Zeichen von Spannung erkennen.

Sie lockerte sich jäh, als eine Gruppe von Ausländern, halb tot vor Erschöpfung, den schmalen Pfad heruntergewankt kam. Einige von

ihnen brachten ein aufmunterndes Keuchen hervor:
»Es ist jede Mühe wert. Es ist einfach phantastisch. Man muß es gesehen haben.«
Damit wankten sie weiter.
Der Führer warnte uns, daß wir noch gut die Hälfte des strapaziösen Fußmarsches vor uns hätten.
Wir ließen uns nicht abschrecken und klommen aufwärts.
Schweißgebadet erreichen wir den Gipfel. Und da, gleißend im Sonnenlicht, lag das Tal der Verheißung! Satte, grüne Triften, von farbenprächtigen Blumen durchwirkt, rauschende Baumwipfel, ein linder, kühler Wind, alles, alles...
»Wo sind die Schmetterlinge?!« brüllten wir ohne jede Verabredung im Chor.
Unvermittelt warf der Führer die Arme hoch und setzte in weiten Sprüngen zur Flucht an. Glücklicherweise befand sich in unsrer Hintermannschaft ein bewährter Rugbyspieler, der ihn mit einem fliegenden Tackling zur Strecke brachte.
»Die Schmetterlinge sind schon schlafen gegangen«, ächzte der überwältigte Regierungsbeamte. »Oder vielleicht haben sie heute in einer andern Gegend zu tun.«
Dann langte er mit zitternder Hand in seine

Hemdtasche und zog einen toten Schmetterling hervor.
»Hier... das... so sehen sie aus«, stotterte er.
»Einer wie der andre. Wenn man einen gesehen hat, hat man alle gesehen...«
Wir besichtigten das Exemplar. Es war ein gut entwickeltes Männchen mit braunen Flügeln und einer Andeutung von gelb an den Spitzen. Der linke Flügel war leicht lädiert.
Ich fragte den Führer, wie viele Touristen jährlich die Insel besuchten. Er schätzte, daß es allein während der Schmetterlings-Saison mindestens eine Million sein müsse.
Ich dankte ihm und schnitzte mit meinem Taschenmesser die folgende Inschrift in den Stamm des nächsten Baumes:

> WANDERER, KOMMST DU NACH SPARTA,
> VERKÜNDIGE DORTEN,
> DER LETZTE RHODOS-SCHMETTERLING STARB,
> DA NOCH BYZANZ HIER REGIERT.

Als unsrem Führer innewurde, daß wir ihn nicht zu lynchen planten, gewann er seine Haltung zurück und wollte mit der ganzen Geschichte plötzlich nichts zu tun haben. Niemand, so beteuerte er, hätte die leiseste Ahnung, warum dieses Tal das »Tal der Millionen Schmetterlinge« hieß. Kein einziger Schmetterling sei hier jemals gesichtet worden.

Wahrscheinlich brächen sie schon auf dem Weg hierher zusammen.
Jetzt wollten wir wenigstens wissen, warum das Tal so auffallend schmetterlingsfrei wäre? Wie sei das zu erklären? Durch DDT? Durch ein andres Vertilgungsmittel? Wie?
»Ich weiß es wirklich nicht«, murmelte der Ärmste.
»Meine einzige Erklärung ist, daß ein Schmetterling, selbst wenn er sich einmal in der Zeit hierher verirrt, gleich wieder wegfliegt, weil er sich langweilt...«
Aus humanitären Erwägungen gaben wir ihm ein Trinkgeld. Er begann haltlos zu schluchzen. So etwas war ihm noch nie passiert, seit es das Tal der Millionen Schmetterlinge gab...
Auf dem Rückweg versuchten wir, ein paar Fliegen oder Moskitos stellig zu machen. Nicht einmal das gelang uns. Am meisten jedoch erbitterte uns die Erinnerung an jene Lumpenbande, deren schurkische Vorspiegelungen uns auf halbem Weg ins Tal der Millionen Schmetterlinge weitergetrieben hatten...
An einer Wegbiegung kam uns eine schwitzende Gruppe ausländischer Touristen entgegen.
»Wie sind die Schmetterlinge?« riefen sie erwartungsfroh schon von weitem.
»Phantastisch!« antworteten wir. »Millionen

von ihnen! Unübersehbare Mengen in den tollsten Farben! Hoffentlich habt ihr Stöcke mit, falls sie über euch herfallen...«
Auf allen vieren erreichten wir unser Taxi. Der Führer hatte die lange Wartezeit ausgenützt, um mit anderen Touristengruppen mehrere Abstecher zur »Höhle der heulenden Geister« zu machen. Was die Schmetterlinge betraf, so erklärte auch er sich für unzuständig.
»Wie soll ich wissen, ob es sie gibt oder nicht?« meinte er achselzuckend. »Ich war noch nie in diesem idiotischen Tal.«
Erst jetzt fiel uns auf, daß dieses Tal genauso idiotisch gewesen wäre, wenn es dort zufällig Schmetterlinge zu sehen gegeben hätte. Oder ist das vielleicht eine Beschäftigung für erwachsene Menschen, Schmetterlinge anzuglotzen? Ausgerechnet Schmetterlinge?

Was heißt »OLÉ« auf hebräisch?

In Spanien ist der Stierkampf eine nationale Einrichtung, ähnlich wie in Texas das Verzehren von Steaks. Es besteht sogar eine gewisse Ähnlichkeit zwischen den beiderseitigen Materialien, nur bevorzugen die Spanier ihr Steak auf den Hufen. Stier und Stierkampf gehören, wenn man so sagen darf, zu ihrem täglichen Brot. Ohne Stierkampf kein Spanien. Ohne Spanien kein Stierkampf.
Infolgedessen fragte ich sofort nach meiner Landung in Barcelona den erstbesten Zollbeamten:
»Kann ich einen Stierkampf sehen?«
»Si«, lautete die Antwort. »Den letzten in diesem Jahr. Sie haben Glück.«
Wie sich herausstellte, gewährt man den Stieren mit dem Beginn der kalten Jahreszeit eine Atempause.

Ich war kurz vor Schließung der Arenatore angekommen.
In den nächsten Tagen bekam ich von den feurigen Söhnen Kataloniens immer wieder zu hören, was für ein Glückspilz ich sei. Und als

Trumpf fügten sie noch hinzu: »Miguel wird kämpfen!«
Es klang verheißungsvoll und aufregend.
Mein Gastgeber, einer der bekanntesten Rechtsanwälte Barcelonas, erwarb im Vorverkauf zwei sehr gute Sitze, direkt unter der reichgeschmückten Loge des Ehrenpräsidenten, der Miguel mit einem Wink seines Taschentuches das Signal zur Tötung des Stiers geben würde.
Etwa 60 000 Sport- und Fleischliebhaber füllten das riesige Stadion. Die Hälfte von ihnen waren amerikanische Touristen, einer war ein verwirrter Israeli. In der Luft knisterte elektrische Spannung. Jedermann wußte, daß es unweigerlich zu einem Zusammenstoß zwischen Miguel und dem Stier kommen würde. Schwarzhaarige Señoritas fächelten sich lässig Kühlung zu. In ihren dunklen Augen glitzerte die Mordgier. Ich meinerseits begnügte mich damit, an meinem Kaugummi zu kauen.
Plötzlich stieß mich mein Freund aufgeregt an. »Achtung! Da kommt Miguel!«
In der Arena erschien eine Kavalleriebrigade mit leichten Waffen, gefolgt von den persönlichen Adjutanten des Matadors. Und dann kam er selbst, ein wenig mager zwar, aber in einer kostbar bestickten Uniform von leuchtender Seide. Er verbeugte sich vor der Loge des Präsi-

denten, und da er dabei den Blick auch in meine Richtung lenken mußte, erwiderte ich seinen Gruß, indem ich den Daumen abwärts drehte. Mein Gastgeber konnte das zum Glück nicht sehen. Er war gerade mit der Lektüre des Programms beschäftigt und studierte die Liste der heute beschäftigten Stiere: Name, Größe, Gewicht, Zivilstand, Vorstrafen.
»Lauter gefährliche Exemplare«, murmelte er. »Miguel muß sich in acht nehmen.«
Ich fragte ihn, ob er die Stiere haßte. Nein, sagte er nach kurzem Nachdenken, er haßte sie nicht, er verüble ihnen nur ihre heimtückische Einstellung zu den Toreros.
Ich fragte weiter, was mit einem Stier geschähe, der nicht kämpfen wollte, und erfuhr, daß er sofort aller bürgerlichen Rechte verlustig ginge; eine gutaussehende Kuh würde in die Arena geschickt und lockte den unglückseligen Pazifisten hinaus. Er müßte dann monatelang warten, ob er vielleicht noch eine Chance bekäme, sich zerfleischen zu lassen.
Zum Glück war unser Stier aus anderem, härterem Material. Er kam in die Arena gesaust und stürzte sich sofort auf die roten Tücher, die von den Picadores – oder wie man das nennt – eifrig geschwenkt wurden. Auch als er sie immer wütender attackierte, bewahrten die Helden kühles Blut, stoben auseinander und schwan-

gen sich elegant über die Brüstung, um den drohenden Hörnern zu entgehen.
Ein Sturm des Protestes erhob sich. Männer sprangen auf und schüttelten ihre Fäuste gegen die blutgierige Bestie, Frauen warfen zierliche Kußhändchen nach den unschuldig verfolgten Picadores.
»Renn nicht so idiotisch herum!« Es war mein Gastgeber, der dem Stier diese Worte zuschrie. »Was glaubst du eigentlich, wer du bist?!«
Der Stier hielt erschrocken inne und blinzelte zu uns herauf.
»Was stehst du da und glotzt?« brüllte mein Freund. »Greif endlich an, zum Teufel!«
Der Stier senkte die Hörner und stürmte auf einen uniformierten Platzanweiser los.
»Aufhalten!« Die Stimme des Rechtsanwalts überschlug sich. »Aufhalten den Mörder!«
In der Tat: es ist kein schöner Anblick, einen Stier zu beobachten, der seiner Abneigung gegen die Menschen freien Lauf läßt, nur weil man ihm mit kleinen Harpunen zusetzt und ihm ein paar Speere, Widerhaken und Eisenstäbchen mit Nationalflaggen ins Fleisch bohrt. Die Zuschauer dampfen von Haß und Rachegelüsten. Kein Zweifel: Wenn sie nicht so diszipliniert wären, würden sie den Stier lynchen.
Verstärkungen werden in die Arena geworfen, zwei Züge eines Panzerbataillons mit automati-

schen Waffen. Die ersten Helikopter kreuzen auf, um im Notfall Bodenraketen einzusetzen. Der Stier hat an der Brüstung haltgemacht und atmet schwer. Zornbebend beugt sich mein Freund gegen ihn vor.
»Du Feigling! Ist das die Art, wie du kämpfen willst?«
Der müde Blick des Stiers scheint zu sagen: »Wer will hier kämpfen?«
Mein tobender Freund wendet sich an die Bewaffneten in der Arena.
»Macht ihn fertig, den Bastard! Tötet ihn! Aber schnell! Sonst – bei der heiligen Jungfrau von Guadalajara – komm ich selbst hinunter und zeig's euch!«
Er setzte zum Sprung an, besann sich aber rechtzeitig auf die Würde seines Standes und blieb.
Fanfarenstöße erklangen. Auf gepanzertem Schlachtroß hielt ein Ritter in strahlender Rüstung seinen Einzug.
»Miguel?« fragte ich.
»Noch nicht«, belehrten mich die Umsitzenden. »Der Stier muß erst richtig müde werden.«
Und sie überhäuften ihn aufs neue mit Schmähungen: »Los, du lächerliche Kuh! Wir wollen sehen, was du kannst!«
Das ließ sich der Stier nicht zweimal sagen. Er

nahm Anlauf und rannte das Pferd nieder, so daß es auf seinen Reiter zu liegen kam.
Ein Aufschrei ging durch die Menge.
»Polizei! Guardia civil! Bändigt die reißende Bestie!«
Wieder war es mein Freund, der Anwalt, der mit seiner Äußerung ins Schwarze traf.
»Unschuldige Pferde attackieren, was?! Das wird dir noch leid tun, du Abschaum!«
Der Stier sah ihn kaum an; offenbar konnte er Rechtsanwälte nicht leiden. Auch hatte er jetzt schon große Mühe, sich auf den Füßen zu halten.
Ich überdachte die Situation von seinem Standpunkt aus und fand sie eher deprimierend: auf fremdem Boden einer feindseligen Menge ausgesetzt, die ihm zahlenmäßig stark überlegen war – wie sollte er sich da durchsetzen?
Während ich noch so vor mich hin philosophierte, gerieten die Frauen ringsum plötzlich in Ekstase. Zu schmetternder Orchesterbegleitung betrat Miguel die Arena, in der Hand ein überdimensionales Schwert, um die Schultern ein golddurchwirktes Cape. Seine ganze Erscheinung atmete Kraft, Gelassenheit und Ruhe.
Unter Zuhilfenahme seines roten Tuchs produzierte er als erstes eine Reihe klassischer Ballettposen, die vom Publikum mit lustvollem Stöh-

nen aufgenommen wurden. Im übrigen war er hauptsächlich damit beschäftigt, dem Stier auszuweichen, und rief jedesmal, wenn dessen Hörner ins Leere stießen:
»Olé!«
Zwischendurch reizte er seinen Gegner durch hämische Sticheleien etwa folgenden Wortlauts:
»Na so komm doch, mein Stierchen, komm zu Onkel Miguel, er wartet auf dich... Hopp, Stierli-Stierli... Ja, was war denn das... Nur nicht frech werden, sonst wirst du zu Hackfleisch verarbeitet, olé!«
Aus zarten Frauenhänden ging ein Blumenregen auf ihn nieder. Schon hob er das Schwert zur rituellen Schlachtung.
»Er muß ihm die Lunge, das Herz, die Leber und sämtliche Eingeweide durchbohren«, informierte mich, vor Aufregung keuchend, mein Freund. »Mit einem einzigen, virtuos geführten Streich!«
Miguel hatte sich auf die Zehenspitzen gestellt und stieß zu. Aber er schien nicht alle Ziele getroffen zu haben, denn der Stier brach in keiner Weise zusammen. Im Gegenteil, er sah ganz danach aus, als ob er sich erholt hätte.
»Was ist los mit dir?!« johlte mein Rechtsanwalt und meinte den Stier. »Möchtest du nicht endlich tot umfallen?!«

Der Stier schüttelte unwillig den Kopf und galoppierte zur Loge des Präsidenten.
»Señor!« rief er hinauf. »Befreien Sie mich von diesem Idioten auf meinem Rücken, oder ich spiele nicht weiter!«
Der Präsident winkte ab.
»Mit Stieren rede ich nicht. Man töte ihn!«
Abermals hob Miguel, zu voller Größe aufgereckt, das Schwert und gab damit seinen Adjutanten das Zeichen, ihm letzte Hilfe zu leisten. Etwa 20 Mann stürzten herbei und bearbeiteten den Stier mit spitzen Lanzen, vergifteten Pfeilen und einer Ladung Tränengas. Denn es ist schwer, eines blutrünstigen Monstrums Herr zu werden, solange es noch auf vier Beinen steht.
»Das ist das Ende!« jauchzte dicht neben mir der Rechtsanwalt. »Jetzt bekommt er, was ihm gebührt!«
Wenn es dem Torero gelingt, seinem Widersacher ein besonders schönes, stilvolles Ende zu bereiten, macht ihm der Präsident ein Ohr des Stiers zum Geschenk. Erfolgt die Tötung mit unvergleichlicher, noch nicht dagewesener Perfektion, darf er auch den Schweif behalten. Und dieses seltene Ereignis schien sich anzubahnen.
»Passen Sie auf!« raunte mein Freund mir zu. »Sie sehen jetzt etwas Einmaliges. Miguel wird

in die Knie gehen und den Stier mit einer sogenannten Veronica erledigen. Er wird sich im allerletzten Augenblick seitwärts biegen und wird der wütenden Bestie, die auf ihn zugeschossen kommt, den Stahl ins Herz bohren...«

Die schneidige Marschmelodie des Orchesters wurde durch einen dumpfen Trommelwirbel abgelöst. Miguel ging in die Knie, der Stier kam planmäßig auf ihn zugeschossen, Miguel rückte ein wenig zur Seite, auch der Stier änderte seine Laufrichtung – und in der nächsten Sekunde segelte Miguel durch die Luft, vollzog eine Bauchlandung und blieb reglos im heißen Sand liegen.

Ringsum herrschte Totenstille, die nur da und dort von schwachen Rufen nach einem Arzt durchbrochen wurde.

Der Stier machte kehrt, trottete an den unverändert daliegenden Miguel heran, beschnupperte ihn, rollte ihn behutsam vor sich her, senkte die Hörner, schleuderte ihn abermals in die Luft.

Jetzt hielt es mich nicht länger.

»Olé!« rief ich und sprang begeistert auf. »Hopp, Stierli-Stierli! Zeig's ihm! Bravo!« Auch der haßerfüllte Blick des Rechtsanwalts konnte meinen schmetternden Jubelrufen nichts anhaben. »Olé und nochmals olé!«

Als Miguel zum drittenmal durch die Luft segelte, kannte mein Enthusiasmus keine Grenzen. Ich warf dem Stier Kußhändchen zu, ließ meine Krawatte folgen, zerriß mein Programmheft in viele kleine Stückchen, streute sie wild um mich und begann sogar eine passende Melodie aus »Carmen« zu singen, die allerdings im jählings einsetzenden Lärm unterging. Der Lärm kam zum Teil von den Panzerwagen, die jetzt in die Arena rollten und das Feuer eröffneten, zum Teil von den Schmährufen der Menge, die gegen mich Stellung nahm.

Mit knapper Not gelang mir die Flucht. Als draußen unter den Kolonnaden trunkenes Siegesgeheul an mein Ohr drang, wußte ich, daß es um den tapferen Stier geschehen war. Der Anblick eines Rettungsautos, das den legendären Nationalhelden Miguel aufnahm, tröstete mich ein wenig.

Noch trostreicher war die Gewißheit, daß aus meinem Sohn Amir niemals ein Stierkämpfer werden kann, weil er rote Haare hat.

Die Katze

als Wille und Vorstellung

Seltsam, was einem so alles widerfahren kann an einem unscheinbaren Sonntagabend. Es begann damit, daß das israelische Nationaltheater Habimah anläßlich einer Europa-Tournee ein Drama unseres Nobelpreisträgers Agnon spielte und ich mich im Zürcher Schauspielhaus einfand, um, voll des patriotischen Stolzes, diesem künstlerischen Ereignis beizuwohnen.

Der Vorhang ging hoch, das Spiel begann, und als er sich nach zwei Stunden unter tosendem Beifall senkte, da wußte ich alles Wissenswerte über die wunderbare Welt der Schweizer Katzen.

Meine diesbezüglichen Bildungslücken begannen sich just in dem Moment zu schließen, da sich auf der Bühne die erste zarte Knospe der Liebe entfaltete. Mein Nachbar zur Linken beugte sich an mein Ohr und flüsterte mir leidenschaftlich zu:

»Wissen Sie, ich bin zwar nicht mosaischen Glaubens, und ich verstehe auch kein Wort Hebräisch, aber ich bin hingerissen!«

Ich ordnete den Mann gedanklich in die schütteren Reihen der sympathischen Philosemiten ein. Mein dankbarer Blick fiel auf einen der typischsten Schweizer unserer Tage. Sein schnurgerader Mittelscheitel schien vom Erbauer eines alpinen Tunnels gezogen worden zu sein. Seine Begeisterung erschien mir durchaus ehrlich zu sein. Um so erstaunter war ich, als er plötzlich mitten im ersten Akt aufstand und sich mit etlichen »Pardons« an den Knien der Zuschauer vorbei dem Ausgang entgegenzwängte.
»Bitte, mein Herr«, flüsterte er mir vor seinem Abgang zu, »halten Sie meinen Platz frei.«
Vielleicht ist's die Natur, die auf ihr Recht pocht, sagte ich mir. Doch nein, eine kurze Weile danach – auf der Bühne tobte eben ein höchst dramatischer Konflikt – da hörte ich wieder etliche »Pardons« näherkommen, und eine mir völlig unbekannte Dame nahm den Sitz zu meiner Linken ein.
»Grüezi, alles in Ordnung«, wisperte sie mir zu, »ich bin seine Gattin.«
Des Rätsels Lösung wurde mir in der Pause offenbart, als mich meine neue Nachbarin im Foyer zu einer Erfrischung einlud, um mir über ihr Limonadenglas hinweg folgendes zu erläutern:
»Es ist wegen Lucy«, begann sie, »so heißt

unsere Katze. Einfach Lucy. Sie verträgt es nicht, alleingelassen zu werden. Also wechseln wir uns immer ab, Martin und ich.«
Ich suchte nach irgendeiner versteckten Ironie in ihren Worten, aber vergebens. Oder vielleicht war sie zu gut versteckt. Martins Gattin war offensichtlich nicht nach Scherzen zumute. Sie blieb völlig ernst. So ernst, wie eben nur eine Zürcher Bürgerin zwischen zwei Akten eines hebräischen Theaterstückes sein kann.
»Gestatten Sie mir die Frage«, gestattete ich mir zu fragen, »was würde geschehen, wenn Sie Lucy allein ließen?«
»Sie würde sich langweilen. Sie ist an unsere Gesellschaft gewöhnt, seit sie ganz klein war.«
Und wieder: die totale Sachlichkeit. Keine Ironie, kein Schimmer eines Lächelns, nicht einmal die Spur eines Gänsefüßchens vor den Worten.
Ich nahm zur Kenntnis, daß die Dame Schweizerin ist und als solche andere Probleme hat als Unsereiner. Aber...
»Aber«, versuchte ich es nochmals vorsichtig, »bringt das nicht Ihre Lebensgewohnheiten durcheinander? Ich meine Ihre Ehe und so...«
»Das wohl«, konzedierte meine Sitznachbarin, »aber schließlich haben wir gegen Lucys Willen geheiratet.«
Und nun enthüllte sie mir die ganze Ge-

schichte. Als Martins heutige Gattin noch Junggesellin war, ließen sich ihre Eltern scheiden. Papa erhielt das Sorgerecht für die Villa und den Wagen, Mama hingegen bekam Lucy. Dann aber verliebte sich Mama in einen Arzt, der seine Wohnung nie verlassen konnte, weil sein Papagei sonst melancholisch würde und sich die Federn ausrupfen könnte.

Also mußte Mama beim neurotischen Papagei einziehen, während das Sorgerecht für Lucy an die Tochter delegiert wurde. Woraufhin die Tochter nie mehr ihre Wohnung verlassen konnte, aus Angst, daß sich die Katze langweilen könnte.

»Martin«, vertraute mir meine Nachbarin an, »hat mir übrigens zwei Jahre lang über die Gegensprechanlage an der Haustür den Hof gemacht.«

Fast gegen meinen Willen begann mich die Sache zu faszinieren.

Ich hatte einmal eine haarsträubende Gruselgeschichte von Edgar Allan Poe gelesen, die davon handelte, daß ein Mann sich einen Keller baute und in einem Anfall von Zerstreutheit eine schwarze Katze einmauerte. Zum erstenmal begann ich dieser Zerstreutheit ein gewisses Maß von Verständnis entgegenzubringen.

»Ich hoffe, Sie nicht mit meiner Neugier zu belästigen«, sagte ich, »aber warum konnte

Martin nicht heraufkommen? Ich meine, warum mußte er bei der Gegensprechanlage verweilen?«

»Weil er einen Hund hatte.«

Überflüssig anzumerken, daß auch dieser Hund Schweizer war und sich daher strikt weigerte, von irgend jemand anderem spazierengeführt zu werden als von Martin.

An dieser Stelle dürfte es sich als opportun erweisen, den Fluß der Handlung zu unterbrechen, um die Lage kurz zusammenzufassen.

Also der Arzt hatte Hausarrest wegen Polly, dem traurigen Papagei. Mama zog es zu dem in seiner Bewegungsfreiheit eingeschränkten Arzt, ihre Tochter hingegen wurde als Gesellschaftsdame für die einsame Lucy verpflichtet, wohingegen Martin mit seinem Hund auf der Straße stand und durch einige kleine Löcher in der Haustür süße Worte wisperte.

Was mich betraf, so stieg meine Ehrfurcht vor Edgar Allan ins Unermeßliche.

»Natürlich hätten wir gerne geheiratet, Martin und ich«, erinnerte sich Frau Martin, »aber wir mußten wegen Lucy und dem Hund noch manches Jahr warten.«

»Aber«, ich blieb hartnäckig, »haben Sie, gnädige Frau, niemals erwogen, einen von beiden aufzugeben? Ich meine den Hund oder die Katze...«

»Was? Sich von einer lebenden Kreatur trennen, die von einem abhängig ist? Niemals!«
Es handelt sich um Schweizer, wie gesagt. Martin und sein Hund, Frau Martin und Lucy, die Katze, ebenso wie die Mama und der Arzt. Sogar Polly, der Papagei. Alles Schweizer. Sie haben 700 Jahre lang keinen Krieg geführt und mit irgend etwas *muß* sich der Mensch doch befassen, oder?
Gegen Ende der Pause zeichnete sich die ersehnte Lösung ab. Martins Hund segnete wegen hohen Alters das Zeitliche. Der gebrochene Mann wollte sich das Leben nehmen und erhängte sich, doch seine stark entwickelte Nackenmuskulatur rettete ihn, und es kam endlich zu jener langersehnten Hochzeit, die ja schon über die Gegensprechanlage in allen Details besprochen worden war.
»Die Schwierigkeit war nur die«, erklärte meine Nachbarin, »daß Lucy gewisse Vorbehalte gegen Martin hatte.«
Wer weiß, vielleicht roch sie den verblichenen Hund an seinen Kleidern. Vielleicht nahm sie aber auch Anstoß an seinem alpinen Mittelscheitel. Wie auch immer, Martin mußte lange Monate um Lucys Zuneigung ringen. Noch heute geht Martin täglich in die Altstadt, um beim Katzenfleischer für Lucy frische Hühnerleber zu erstehen.

Stolz holte Frau Martin einige Fotos von Lucy hervor. Ich merkte sofort, an wen mich Lucy erinnerte: an jede beliebige andere Katze dieser Welt.
Frau Martin blickte auf die Uhr.
»Du meine Güte, ich habe doch meinem Mann versprochen, ihn um zehn Uhr abzulösen!«
»Haben Sie«, ich wagte noch einen letzten Versuch, »haben Sie es jemals mit einem Babysitter für Katzen versucht?«
»Aber natürlich. Es war ein sehr nettes Mädchen, eine diplomierte Katzen-Nurse. Wir nahmen sie für einen ganzen Monat ins Haus, damit sich Lucy an sie gewöhnen könnte, aber es war zwecklos. Wenn Lucy nur ihre Stimme hörte, wurde sie ganz blaß. Das arme Tier reagierte nämlich allergisch auf ihre Haare. Es war übrigens nett, Sie kennenzulernen. Auf Wiedersehen.«
Ich stand allein da und ließ mir die Probleme durch den Kopf gehen. Schließlich ist doch niemand vollkommen. Die Briten etwa sind unzurechnungsfähig, wenn's um Cricket geht, und die Österreicher sind leicht intrigenanfällig. Warum also sollen die Schweizer keine Katzen-Narren sein? Ich glaube, irgendwo gehört zu haben, daß jede Schweizer Stadt ihren eigenen Katzenfriedhof mit marmornen

Grabsteinen und echten Goldbuchstaben besitzen soll. Soweit ich unterrichtet bin, hat man den Katzen noch kein Wahlrecht eingeräumt, aber es ist nur eine Frage der Zeit. Es wird gemunkelt, daß man in absehbarer Zeit wenigstens den Katern...
Eine gewisse diesbezügliche Unruhe läßt sich nicht vertuschen. Ein bekannter Schauspieler aus Schaffhausen wollte vor zwei Jahren seine Siamkatze heiraten. Es gab einen Riesenskandal in der Presse, als die »Blick«-Zeitung herausbekam, daß das Brautkätzchen noch minderjährig war. Fragen Sie lieber nicht...
Martin erschien wieder. Mit einem frischgezogenen Scheitel und einem Lied von Lucy auf den Lippen.
»Sie dürfen nicht etwa annehmen, daß wir sie blindlings lieben«, versicherte er mir. »Natürlich sehen wir auch alle ihre Fehler. Aber für uns stellt sich eine einfache Frage: Wollen wir ein frustriertes Haustier in unserer kleinen Wohngemeinschaft oder eine fröhliche und lebenslustige Kameradin? Es ist doch klar, daß uns letzteres einige kleine Opfer aufbürdet...«
Etwa damals, als Martin – der nebenberuflich übrigens ein anerkannter Architekt ist – das begehrte Band der französischen Ehrenlegion

bekommen sollte, und zwar für den Bau der einen Hälfte der französischen Botschaft in Bern. Die andere Hälfte mußte von einem anderen gebaut werden, da Lucy zu der Zeit an Lungenentzündung erkrankt war.
Das ist jedoch unwichtig. Wichtig ist vielmehr, daß die aufregende Nachricht kam, der Termin festgesetzt wurde und Martin dann feststellen mußte, daß die Feierlichkeit ausgerechnet an jenem Tag stattfinden sollte, an dem Lucys Geburtstag war...
»Ich bat die Leute, die Ordensverleihung um einen Tag zu verschieben«, erzählte mir Martin traurig, »aber Frankreichs Präsident schlug mir meine kleine Bitte ab.«
»Ach«, ich heuchelte Verständnis, »was kann man von einem französischen Präsidenten schon anderes erwarten? Aber hätten Sie Lucy nicht zu dieser Zeremonie mitnehmen können? Vielleicht hätte sie gedacht, daß die Militärparade zu Ehren ihres Geburtstages stattfindet.«
»Natürlich haben wir auch das erwogen. Aber wer weiß? Wenn es da geregnet hätte...«
Eine Katze im Regen? Sogar ich mußte die Absurdität meines Vorschlags einsehen.
»Wir haben sogar auf Kinder verzichtet«, fügte Martin auf dem Weg zurück in den Saal hinzu, »denn es hätte sich mit Lucys Tagesord-

nung einfach nicht vereinbaren lassen. Ihre festen Spielstunden sind von drei bis halb acht...«
»Morgens?«
»Nein, nachmittags. Außerdem leiden wir beide an chronischer Erschöpfung, da Lucy uns nicht schlafen läßt. Jede Nacht springt sie einige Male zu uns ins Bett und leckt uns die Nasen. Sie sucht halt auch Liebe...«
Anscheinend bekommt sie bei Familie Martin nicht genug davon.
Auf der Bühne ist inzwischen das Drama voll erblüht. Ich aber versank in meinem Stuhl und dachte über die Mentalität der Schweizer nach. Wie funktionieren sie eigentlich, wenn überhaupt? Auf den ersten Blick hatten sie mit uns Israelis ziemlich viel Gemeinsamkeiten.
Auch die Schweiz ist ein kleines Land mit ethnischen Problemen. Auch die guten Schweizer müssen, so wie wir, jedes Jahr ihren Militärdienst leisten. Auch in der Schweiz hat sich die Inflation, wie bei uns, im letzten Jahr verdreifacht und beträgt nun beachtliche sechs Prozent.
Und doch, alles in allem, unterscheiden sich die Schweizer irgendwie von uns Israelis. Vielleicht steckt eine Frage der Motivation dahinter. Wir werden langsam erwachsen, die

Schweizer haben das nicht nötig. In Israel ist alles für die Katz, in der Schweiz ist alles für das Kätzchen.

Bei einem unserer Englandaufenthalte waren
wir dem Würgegriff der Hoteliers entgangen
und hatten uns in einer Privatwohnung einge-
mietet. Ihre Inhaberin hieß Mrs. Mrozinsky
und war, wie schon aus ihrem Namen hervor-
ging, die einzige Witwe des verewigten Mr.
Mrozinsky, eines typisch englischen Gentle-
mans von polnischem Geblüt. Er hatte ihr ein
kleines Häuschen hinterlassen, dessen ent-
behrliche Zimmer an farbige Touristen zu vermieten waren (und da wir aus Israel kamen,
wurden wir vom Zimmervermittlungsdienst in
diese Kategorie eingestuft). Der Rest der Ver-
lassenschaft bestand in einem hellhaarigen
Hund namens Oswald, einer undefinierbaren
Promenadenmischung, die aber von Mrs. Mrozinsky kaltblütig als hochgezüchteter Spaniel
vorgestellt wurde. Sei dem wie immer – Mrs.
Mrozinsky, die seit dem Beginn des Zweiten
Weltkriegs in England lebte, hatte sich dort
schon so vollkommen akklimatisiert, daß sie
auch die traditionelle Zuneigung des Englän-
ders zu seinen vierbeinigen Freunden teilte. Sie

sprach von Oswald viel öfter und liebevoller als von ihrem dahingeschiedenen Gatten, und sie hätte das geliebte Tier nicht eine Minute lang allein lassen mögen.
Einmal aber geschah das doch.
An jenem schicksalsschweren Nachmittag klopfte Mistreß Mrozinsky an unsre Zimmertür und teilte uns mit, daß ihre Schwester plötzlich erkrankt sei, in Nottingham im Spital läge und dringend ihren Besuch erwarte, heute noch, sofort. – Uns ahnte Böses.
»Sollten Sie nicht besser erst morgen fahren, Mrs. Mrozinsky?« fragte ich besorgt. »Nächtliche Reisen sind unbequem.«
»Ich dachte, daß Sie mir den kleinen Gefallen tun...«
»Man wird Sie bei Nacht gar nicht in das Spital hineinlassen...«
»...und auf Oswald achtgeben könnten...«
»...weil der Patient schlafen muß...«
»...nur bis morgen mittag...«
»Warum telefonieren Sie nicht nach Nottingham?«
»Ich danke Ihnen.«
Und ohne den einigermaßen wirren Dialog fortzusetzen, brachte sie uns den fröhlich wedelnden Oswald ins Zimmer.
»Sie brauchen ihn nicht öfter als einmal am Tag auf die Gasse zu führen«, rief sie uns im Abge-

hen zu. »Lassen Sie ihn ruhig an der Tür kratzen.«

»In England darf man Hunde in den Zug mitnehmen«, rief ich ihr nach. Aber die Wände blieben stumm.

Das alles wäre nie geschehen, wenn unsere Beziehungen zu Mrs. Mrozinsky nicht gar so freundlich gewesen wären. Die alte Dame hatte sich eng an uns angeschlossen, hatte uns von den Schrecken des Blitzkriegs und des Bombardements erzählt, von den ständig wachsenden Lebenskosten in England und von vielen anderen persönlichen Problemen. Jetzt rächte sich unsre Geduld. Nicht als ob wir etwas gegen Hunde gehabt hätten. Wir lieben Hunde. Besonders meine Frau liebt sie sehr. Haben wir doch einschlägige Erfahrungen mit Hunden. Aber wir lieben nun mal nur die eigenen. Folglich war das Gespräch, das nach Mrs. Mrozinskys Abgang zwischen uns stattfand, nicht besonders liebevoll.

»Warum, um Himmels willen, hast du dich breitschlagen lassen?« fragte meine Frau.

»Na wenn schon«, antwortete ich. »Dann werden wir den Hund eben ins Theater mitnehmen.«

Das war alles.

Mit der größten Selbstverständlichkeit hüpfte Oswald in unsern gemieteten Mini-Minor, als wir am Abend ins Ambassador-Theater aufbrachen, wo die »Mausefalle« immer noch ausverkaufte Häuser machte. Oswald nahm den Rücksitz und heulte. Er hörte nicht auf zu heulen. Er heulte wie ein kleines Kind. Ich habe noch nie einen erwachsenen Hund getroffen, dessen Heulen dem eines kleinen Kindes so ähnlich war. Und so ausdauernd.

Schön und gut, sein Frauchen war zu ihrer Schwester nach Nottingham gefahren. Aber schließlich hatte sie ihn nicht auf der Straße ausgesetzt, wie? Er saß ja in einem weichen Rücksitz eines beinahe neuen, gutgepolsterten, englischen Wagens, nicht wahr? Was gab es da zu heulen?

»Das ist kein Hund«, stellte die beste Ehefrau von allen sachlich fest. »Das ist ein getarnter Schakal. Gott steh uns bei!«

Ich parkte den Wagen in einer nahen Seitengasse (mit Mietwagen hat man keine solche Angst vor Strafzetteln). Das Rückzugsgefecht gegen den stürmisch nachdrängenden Oswald war kurz und heftig. Es endete mit seiner Niederlage. Lange sah er uns nach, die Schnauze ans Fenster gepreßt, die Augen voller Tränen. Und er hörte nicht auf zu heulen...

Der Mörder bewegte sich noch vollkommen frei auf der Bühne, als unser schlechtes Gewissen

uns aus dem Theater trieb, zurück zu dem Hund, den wir lebendig begraben hatten. Wir fanden Oswald in schlechter Verfassung. In den zwei Stunden pausenlosen Heulens und Bellens war er heiser geworden und konnte nur noch jaulen. Dafür sprang er, wie wir schon von weitem sahen, unermüdlich im Innern des Wagens hin und her, von einem Fenster zum andern, und zwischendurch aufs Lenkrad, wo er die elektrische Hupe betätigte.
Eine Menge Fußgänger stand um den Wagen herum. Eine feindselige Masse. Ihr Urteil war einmütig, und es war ein Urteil der Verdammnis.
»Wenn ich den Kerl erwische...«, äußerte ein athletisch gebauter junger Mann, unter dessen Ruderleibchen die Muskeln schwollen. »Wenn ich den Kerl, der das arme Tier eingesperrt hat, zwischen die Fäuste bekomme...«
»Die haben ja nicht einmal daran gedacht, das Fenster einen Spalt breit offenzulassen«, murrte ein andrer. »Das arme Tier wird ersticken.«
»Solche Leute müßte man einsperren...«
»Dann würden sie wenigstens wissen, wie das tut...«
Den letzten Worten folgte allgemeine Zustimmung, der auch ich mich anschloß. Der Mann

im Ruderleibchen hatte mir nämlich gleich bei meinem Auftauchen einen bösen Blick zugeworfen.

»Diesen Barbaren gebührt nichts Besseres«, sagte ich eilig. »Mit einem hilflosen Tier so umzugehen...«

Es war höchste Zeit für eine Klarstellung meiner Position, denn Oswald hatte uns entdeckt und bellte hinter dem Fenster direkt auf uns los.

»Es kann nicht mehr lange dauern, Schnauzi«, tröstete ihn ein gebrechlicher alter Herr. »Die Mistkreaturen, die dich hier allein gelassen haben, müssen ja irgendwann zurückkommen.«

»Wenn ich den Kerl erwische!« wiederholte der Ruderleibchenathlet. »Der wird nichts zu lachen haben!«

Es machte keinen guten Eindruck auf mich, daß dem Athleten einige obere Zähne fehlten. Ich hielt es für angebracht, seinen Tatendurst abzulenken.

»Lassen Sie auch noch etwas für mich übrig!« rief ich mit geballten Fäusten. »Ich breche ihm jeden Knochen im Leib.«

»Recht so!« Und das war meine Frau. »Jeden einzelnen Knochen!«

Was zum Teufel fiel ihr da ein? Wollte sie den Mob gegen mich aufhetzen? Oder Ruderleib-

chens athletische Fähigkeiten auf die Probe stellen?
Die Atmosphäre roch deutlich nach Lynchjustiz. Wenn diese Fanatiker jetzt noch draufkämen, daß es ein verdammter Ausländer war, der einen britischen Vierbeiner mißhandelt hatte... Oswald merkte natürlich, in welch peinlicher Lage wir uns befanden, und verstärkte die Peinlichkeit durch unablässiges Hupen. Er besaß offenbar kein Organ dafür, daß seine Stiefeltern ohnehin ihr möglichstes taten. Jetzt hatte ich mit blutrünstig verzerrtem Gesicht nochmals ausgerufen: »Na? Wo steckt der Lump?«
Eine verwitterte, längst ausgediente Repräsentantin des Londoner Nachtlebens verlor die Geduld:
»Steht nicht bloß so herum, ihr Männer!« rief sie mit schriller Stimme. »Tut doch endlich was!«
Aller Augen wandten sich mir zu. Meine kompromißlose Angriffsbereitschaft hatte mich unversehens in die Führerrolle gedrängt, trotz meines ausländischen Akzents. Ich ergriff das Steuer:
»Die Dame hat vollkommen recht«, sagte ich entschlossen und deutete mit Feldherrngeste auf das Ruderleibchen: »Sie dort! Holen Sie sofort einen Polizisten!«

Meine Hoffnung, den Gewalttäter auf diese Weise loszuwerden, blieb leider unerfüllt. Er schüttelte den Kopf. »Mit der Polizei verkehre ich nicht«, grinste er.
»Ich würde schon einen holen«, nuschelte der gebrechliche alte Herr. »Aber ich habe das Zipperlein in den Knien.«
»Es gibt in dieser Gegend keine Polizisten«, ließ ein Ortskundiger sich vernehmen. »Der nächste steht auf der Monmouth Street.«
Es war offenkundig, daß die Leute sich vor der Erfüllung ihrer Bürgerpflicht drücken wollten.
»Schön.« Mein Blick streifte verächtlich über die untätige Schar. »Dann nehme ich eben den Wagen und hole die Polizei. Ihr wartet hier.«
Damit hatte ich den Schlag geöffnet, hatte meine verblüffte Gattin mit raschem Schwung in den Wagen gestoßen und gab Vollgas. Die Größe des Augenblicks machte sogar Oswald verstummen. Auch die disziplinierte britische Menge blieb auftragsgemäß stehen. Erst als wir schon gut zwanzig Meter zwischen sie und uns gelegt hatten, kam Leben in die Bande. Wir hörten noch ein paar wilde Flüche, sahen noch einige drohende Gestaltung zur Verfolgung ansetzen – dann waren wir um die Ecke und gerettet.
Oswald leckte mir überglücklich Hände und

Gesicht. Er war wirklich ein herziges, braves Tierchen, unser Oswald. Wir hatten ihn richtig liebgewonnen, als wir uns ein paar Tage später und hoffentlich für immer von ihm verabschiedeten.

DIE AFFÄRE ARISTOBULOS

Das Villenviertel, in dem wir wohnen, besteht aus hübschen, behaglichen Ein- oder Zweifamilienhäusern, von kleinen Gärten umgeben, dahinter das blaue Meer, darüber der blaue Himmel. Wir hatten die Gegend bis vor kurzem für ein Paradies auf Erden gehalten. Seit der Affäre Aristobulos sind wir nicht mehr so sicher.
Sie begann damit, daß in zwei neu errichtete, nebeneinanderliegende Einfamilienvillen, wie nicht anders zu erwarten, zwei Familien einzogen: die des Musiklehrers Samuel Meyer in die eine, die des Privatbeamten Jehoschua Obernik in die andere. Und zwar begann die Affäre sogleich in vollem Umfang. Es war von Anbeginn klar, daß die beiden Familien einander nicht schmecken konnten und es nur darauf angelegt hatten, sich gegenseitig die Hölle heißzumachen. Als Endziel schwebte jeder von ihnen die Vertreibung der anderen vor. Zwecks Erreichung dieses Endziels leerten sie ihre Abfallkübel in des Nachbars Garten, drehten das Radio zu einer Lautstärke auf, daß die

Fensterscheiben zitterten, setzten seine Fernseh-Antenne außer Betrieb und taten alles, was man in solchen Fällen sonst noch zu tun pflegt. Angeblich soll Meyer sogar versucht haben, Oberniks Badewanne an die Hochspannungsleitung anzuschließen. Aber selbst wenn das nicht zutraf, gab es keinen Zweifel, daß über kurz oder lang eine der beiden Familien ausziehen müßte. Die Frage war, wer die besseren Nerven hatte. In unserer Straße standen die Wetten 3:1 für Meyer.

Bis hierher ist das eine ganz gewöhnliche Geschichte, wie sie sich in jedem von Juden bewohnten Häuserblock zutragen kann. Die Wendung zum Ungewöhnlichen trat ein, als die Oberniks einen Hund erwarben. Er hieß Aristobulos und war von unbestimmter Rasse, obwohl er angeblich einer hochklassigen skandinavischen Zucht entstammte. Die Oberniks hüteten ihn wie einen Augapfel und entließen ihn nur des Nachts ins Freie, offenbar aus Furcht vor feindlichen Attacken – eine nicht ganz unbegründete Furcht, denn das Bellen des Aristobulos war durchaus geeignet (und wohl auch darauf ausgerichtet), einen Nachbarn um den Verstand zu bringen, zumal, wenn es sich bei diesem Nachbarn um einen Musiklehrer mit absolutem Gehör handelte.

Aristobulos stimmte sein keifendes, infernalisch durchdringendes Gebell zu den widerwärtigsten Stunden an: um 5.15 Uhr am Morgen, zwischen 14 und 16 Uhr (also zu einer Zeit, da sich Herr Meyer seinem Nachmittagsschläfchen zu widmen liebte), dann wieder gegen Mitternacht und um 3.30 Uhr. Natürlich bellte er auch zwischendurch, aber die obengenannten waren seine Hauptbellzeiten. Bei Nacht verlegte er sie in den Garten.
Nach ungefähr einer Woche, während des üblichen Nachmittagskonzerts, trat Frau Meyer vors Haus und ließ in Richtung Obernik die folgende Verlautbarung ergehen:
»Sorgen Sie dafür, daß Ihr Hund zu bellen aufhört, sonst kann ich für nichts garantieren. Mein Mann ist imstand und erschießt ihn.«
Da man wußte, daß Samuel Meyer eine Jagdflinte besaß, nahm sich Frau Obernik die Warnung zu Herzen und sprach fortan, sowie Aristobulos zu bellen begann, mit besänftigender Stimme auf ihn ein:
»Ruhig, Aristobulos! Du störst Herrn Meyer. Schäm dich. Hör auf zu bellen. Kusch!«

Aristobulos kuschte in keiner Weise. Im Gegenteil, er steigerte sein Gekläff, als wollte er für die Freiheit des Bellens demonstrieren.
Meyer wandte sich an seinen Anwalt, um

gesetzlichen Schutz anzufordern. Zu seiner Erbitterung mußte er erfahren, daß das Halten von Hunden zu den unveräußerlichen Bürgerrechten gehört und daß einem Hund von Gesetzes wegen nicht vorgeschrieben werden kann, wie und wann er zu bellen hat.

So griff den Samuel Meyer eines Nachts zum Jagdgewehr und setzte sich in seinen Garten, wo er, von einem Strauch gedeckt, auf das Erscheinen des Hundes Aristobulos wartete. Aristobulos erschien nicht. Er bellte zwar genau zu den gewohnten Stunden (0.00, 3.30, 5.15), aber er bellte im Haus. Von Zeit zu Zeit glaubte Meyer ihn an der Tür kratzen und jämmerlich winseln zu hören, ohne daß sich die Tür geöffnet hätte. Entweder ahnte Obernik etwas von der lauernden Gefahr, oder er tat's aus purer Grausamkeit.

Als sich an diesem rätselhaften Ablauf auch in den folgenden zwei Nächten nichts änderte, entschloß sich Meyer, der dem Geheimnis auf die Spur kommen wollte, zu einem riskanten Schritt. Er schlich in der Dunkelheit an das Obernicksche Schlafgemach heran, spähte aus schrägem Winkel vorsichtig durchs halb geöffnete Fenster – und wollte seinen Augen nicht trauen (übrigens auch seinen Ohren nicht): Jehoschua Obernik lag mit gelangweiltem Gesichtsausdruck im Bett und bellte. Neben

ihm lag Frau Obernik und sagte von Zeit zu Zeit ohne besondere Anteilnahme:
»Ruhig, Aristobulos. Du mußt Herrn Meyer schlafen lassen. Kusch.«
Samuel Meyer war hart daran, sein Jagdgewehr in Anschlag zu bringen, besann sich jedoch und ging auf die nächste Polizeistube, wo er dem dienstschlafenden Beamten die ganze Geschichte erzählte. Die Antwort des Beamten lautete:
»Na und?«
»Was heißt hier na und?!« brüllte Meyer. »Der Kerl ruiniert mich! Ich kann seit Wochen nicht schlafen! Außerdem schädigt er meine Gehörnerven, die ich zur Berufsausübung brauche!«
»Bedaure«, bedauerte das Amtsorgan. »Gegen Lautsprecher nach Mitternacht kann ich einschreiten – gegen jemanden, der bellt, nicht. Oder nur dann, wenn er gleichzeitig eine Schmieraktion unternimmt. Außerdem fällt diese Angelegenheit in die Kompetenz der Stadtverwaltung.«
Am nächsten Morgen, nachdem Aristobulos ihn pünktlich um 5 Uhr 15 geweckt hatte, suchte Samuel Meyer abermals seinen Rechtsberater auf und informierte ihn, daß Jehoschua Obernik sich sozusagen als Selbsthund zu Hause hielt. Der Anwalt zog seine Gesetzbücher zu Rate und schüttelte den Kopf:

»Im britischen Mandatsgesetz kann ich nichts finden, was die Nachahmung von Tierstimmen verbieten würde. Auch die ottomanischen Gesetze, die ja auf zahlreichen Gebieten unseres öffentlichen Lebens noch in Kraft sind, enthalten nichts dergleichen. Hingegen schreiben sie ein Entgelt für Personen vor, die zu Bewachungszwecken angestellt sind, also die Funktionen eines Wachhundes ausüben. Wir werden daher gegen Herrn Obernik Anzeige erstatten, weil er keine amtliche Bewilligung zum Halten eines Wachhundes beziehungsweise einer Wachtperson besitzt.«

Die Anzeige wurde erstattet. Sicherheitshalber fügte der gewiegte Jurist noch hinzu, daß Herr Obernik keine Hundesteuer für sich bezahlte, und verlangte die sofortige Verhaftung des Säumigen wegen gemeingefährlicher Steuerhinterziehung.

Die Reaktion der Behörde war niederschmetternd: Herr Obernik hatte nicht nur die vorgeschriebene Bewilligung eingeholt, sondern auf ein Jahr im voraus die Hundesteuer für sich bezahlt.

Aristobulos bellte immer lauter, immer unablässiger, immer durchdringender. Die Schlacht hatte ihr entscheidendes Stadium erreicht.

In einem letzten verzweifelten Gegenangriff verständigte Samuel Meyer das Gesundheitsministerium, daß sein Nachbar Aristobulos an Tollwut litte und im wohlverstandenen Interesse der Öffentlichkeit raschest vertilgt werden müßte.

Das Ministerium entsandte einen Tierarzt, der Herrn Obernik nach sorgfältiger Untersuchung ein amtliches Gesundheitszeugnis ausstellte. Die Kostenrechnung ging an Samuel Meyer. Sie war beträchtlich.

Obernik hatte gesiegt. Am nächsten Monatsersten zog Meyer samt Familie aus.

»Recht geschieht ihm«, sagte Frau Krassnitzer. »Warum hat er nicht zurückgebellt?«

Ein Ei, das keinem andern gleicht

Gestern ließ mein Wagen deutliche Anzeichen von Unwohlsein erkennen. Ich tat, was in solchen Fällen jeder Autofahrer tut, um sich als solcher zu legitimieren: ich klappte die Kühlerhaube hoch, besichtigte mit durchdringendem Kennerblick die Innereien des Motors, klappte die Kühlerhaube wieder zu und brachte den Wagen zu seinem Lieblingsmechaniker. Dann ging ich zur nächsten Bushaltestelle.
Unterwegs freute ich mich des schönen Wetters, das ich in dieser Form sonst wohl nicht hätte genießen können. Wie man sieht, hat es auch seine Vorteile, wenn der Wagen einmal in der Zeit zusammenbricht. Plötzlich kam mir Tante Ilka entgegen. Es hat eben auch alles seine Nachteile. Sie trug eine Einkaufstasche, aus der ein Karton mit großen, weißen Eiern bedrohlich hervorstand.
»Das sind aber schöne Eier«, sagte ich. Irgend etwas muß man ja schließlich zu Tante Ilka sagen.
»Nicht wahr«, bekräftigte sie stolz. »Nimm dir doch eines!«

Tante Ilka ist seit den ersten Seiten dieses Buches noch älter geworden, und ihre Geisteskräfte lassen nach. Ich versuchte alle möglichen Ausflüchte, mußte jedoch alsbald erkennen, daß es besser wäre, das mir angebotene Ei zu nehmen als den Bus zu versäumen. Ich nahm das Ei und verabschiedete mich. Da ein erwachsener Mensch, der mit einem Ei in der Hand einhergeht, auf seine Umwelt einen eher befremdlichen Eindruck macht, ließ ich das Ei in meine Aktentasche gleiten.
War schon das ein schwerer Fehler, so beging ich einen noch schwereren, indem ich – nach einer Viertelstunde Wartens auf den Bus und nach all der Drängelei im Wageninnern – völlig vergaß, daß sich in meiner Aktentasche ein rohes Ei befand.
Ein Geräusch wie von leisem Splittern erinnerte mich daran.
Ich steckte meine Hand in die Aktentasche, wo sie auf etwas Klebriges auftraf. Als ich sie wieder hervorzog, war sie von kränklich gelber Färbung. Ich versuchte sie mit dem anderen Ärmel abzuwischen, denn ich besitze glücklicherweise zwei Ärmel, und nannte daraufhin außer einer gelben Hand auch noch einen gelben Ärmel mein eigen. Der Versuch, mit dem Taschentuch in der gelben Hand den gelben Ärmel zu säubern, zeitigte das Ergebnis, daß

nunmehr der größere Teil meiner äußeren Erscheinung gelb war. In meiner rechten Hosentasche mußte sich desgleichen ein wenig Gelb angesiedelt haben.
Schüchtern wie ich bin, hatte ich alle diese Operationen so unauffällig wie möglich durchgeführt und nahm an, daß niemand etwas davon bemerkte hätte. »Es tropft!« hörte ich dicht hinter mir eine ungehaltene Männerstimme.
Offenbar war Tante Ilkas Original-Ei durch die Nähte der Aktentasche hindurchgesickert und tropfte jetzt auf die wunderschönen, hocheleganten Schlangenlederhalbschuhe meines Hintermanns.
»Was ist das, zum Teufel?« fauchte er und rieb das Schlangenleder mit seinem Handschuh ab.
»Es ist ein Ei«, antwortete ich wahrheitsgemäß. »Entschuldigen Sie, bitte.«
Der Mann tat mir von Herzen leid. Das Ei ließ ihn eine ähnliche Skala der Pein durchlaufen wie vorher mich: vom Schlangenleder zum Handschuh, vom ersten Handschuh zum zweiten, vom zweiten Handschuh zum Taschentuch und vom Taschentuch – dies allerdings schon ohne Absicht – an die scharf hervorspringende Nase einer knochigen Dame, die unter lautem Gackern die Eierspuren mit ihrem Seidenschal wegzuputzen begann. Nun sind Eier-

spuren bekanntlich sehr klebefreudig, so daß auf dem Schal binnen kurzem ein anmutiges Dottermuster sichtbar wurde. Die Knochige, immer noch gackernd, hielt den Schal zwischen Daumen und Zeigefinger weit von sich weg.
»Ruhe!« Es klang autoritativ und befehlsgewohnt von links. »Alles bleibt ruhig! Keine Bewegung!«
Höchste Zeit, daß jemand das Kommando übernahm. Vielleicht war es ein General der Reserve. Die Fahrgäste nahmen Haltung an.
Schon machte ich mir Hoffnungen, daß das Schlimmste vorbei wäre, als ich einen unwiderstehlichen Drang zum Niesen verspürte.
Ich mußte ihm nachgeben und griff instinktiv nach meinem Taschentuch.
Rings um mich entstand Panik.
»Rühren Sie mich nicht an!« kreischte eine dicke Frauensperson, als hätte ich mich ihr unsittlich genähert. Auch die übrigen Fahrgäste gingen in feindselige Distanz. Allmählich kam ich mir wie ein Aussätziger vor.
»Hören Sie, Mann«, sagte der General, der mit seinen zwei gelben Streifen auf der Stirne wie ein indianischer Medizinmann aussah. »Möchten Sie nicht den Bus verlassen?«
»Fällt mir nicht ein!« gab ich wagemutig zurück. »Ich habe noch drei Stationen zu fahren.«

Aber die Menge schlug sich auf die Seite des Generals und brach in laute Aufmunterungsrufe aus, als er – vom Schlangenleder unterstützt – Anstalten traf, mich gewaltsam aus dem Bus zu befördern. Wieder einmal stand ich allein gegen die öffentliche Meinung.
Da schritt ich zur Tat. Blitzschnell tauchte ich meine Hände in die Aktentasche, erst die rechte, dann die linke, und hielt sie tropfend hoch:
»So, jetzt könnt ihr mich hinauswerfen!« rief ich.
Murrend wich der Mob zurück. Ich hatte den Wagen in meiner Gewalt. Gebt mir einen Korb mit rohen Eiern, und ich erobere die Welt.
Aus der Schar der angstvoll Zusammengedrängten ertönten zaghafte Stimmen:
»Bitte, lieber Herr«, baten sie. »Würden Sie so gut sein und wenigstens die Aktentasche wegtun? Bitte!«
»Na schön. Warum nicht.«
An meine Großmut hat noch niemand vergebens appelliert. Ich bückte mich nach der Aktentasche.
In diesem Augenblick fuhr der Bus auf ein Schlagloch auf.
Im Vergleich zu dem, was nun folgte, nahm sich eine Slapstickposse aus Stummfilmzeiten wie ein klassisches Trauerspiel aus. Ich sprang

ab und überließ den Bus seiner klebrigen Weiterfahrt.

»Guter Gott!« Die beste Ehefrau von allen schüttelte fassungslos den Kopf, als ich zu Hause eintrat. »Was ist geschehen?«

»Tante Ilka«, sagte ich, stürzte ins Badezimmer und blieb eine halbe Stunde lang unter der Dusche, voll bekleidet, mit Aktentasche.

Auf die alte Frage, ob zuerst das Ei da war oder die Henne, weiß ich auch heute keine Antwort. Ich weiß nur, daß ich in einem öffentlichen Verkehrsmittel lieber mit einer Henne fahren würde als mit einem Ei.

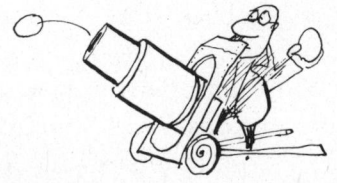

FRANZI
ist menschlich

Vor ein paar Tagen erschien mir im Traum eine Fee. Sie war etwas über sechzig, sah aber noch recht gut aus.
»Ich komme mit einer erfreulichen Mitteilung«, sagte sie. »In unserer Neujahrslotterie wurde Ihre Nummer gezogen. Sie haben drei Wünsche frei. Also?«
Da ich schon lange auf das Erscheinen einer Fee gewartet hatte, brauchte ich nicht lange nachzudenken:
»Erstens wünsche ich mir, daß die israelische Regierung mir in Hinkunft die Steuer für Auslandsreisen erläßt. Zweitens möchte ich die Sprache der Tiere verstehen, wie einstmals König Salomon. Und drittens möchte ich, daß von jetzt an alle meine Wünsche erfüllt werden, ohne Widerrede.«
»Hm«, machte die Fee. »Lassen Sie mich überlegen. Hm. Das mit der Auslandsreisesteuer wird sich leider nicht machen lassen. Gegen die Steuer kämpfen selbst Feen vergebens. Und Ihr dritter Wunsch ist eine kindische Provokation. Bleibt also die Sprache der Tiere. Hm. Gut,

bewilligt. Sie werden die Sprache der Tiere ab sofort verstehen.«

Sodann berührte sie meine Stirne mit ihrem ein wenig abgenutzten Zauberstab und verschwand.

Ich wandte mich an unsere erstklassig rassengemischte Hündin Franzi, die neben meinem Bett lag:

»Na, was sagst du dazu?« fragte ich.

Franzi räkelte sich. Ihre Stimme klang schläfrig: »Die war vorher auch bei mir, mit ihren drei Wünschen. Ich wünschte mir drei Hammelkoteletts, und da sagte die alte Hexe, daß die Küche bereits geschlossen sei. Zum Ersatz offerierte sie mir die Zauberkraft, meinen Herrn zu beherrschen. Dazu brauche ich keine Fee, erwiderte ich. Meinen Herrn beherrsche ich sowieso.«

»Wen? Mich?«

»Wen sonst? Habe ich dich vielleicht nicht gut dressiert? Ich riskiere die Behauptung, daß du einer der bestdressierten Hundebesitzer im weiten Umkreis bist.«

Es verwirrte mich ein wenig, Franzi mit mir reden zu hören, als wäre sie der Schriftsteller und ich die Rassenmischung. Andererseits freute es mich, daß ich tatsächlich jedes Wort verstand.

»Wenn wir schon dabei sind«, fuhr Franzi fort.

»Du hast dich besonders in den Disziplinübungen als sehr gelehrig erwiesen.«
»Von welcher Disziplin sprichst du?«
»Zum Beispiel von der Nahrungsdisziplin. Ich habe viel Geduld für dich gebraucht, das gebe ich zu, aber jetzt folgst du aufs Wort. Einige der mit mir befreundeten Hunde meinen sogar, ich hätte die Sache übertrieben und dich in einen geistlosen Roboter verwandelt. Dem halte ich entgegen, daß du ganz einfach von Natur aus gelehrig bist. Das habe ich eines Tages durch Zufall entdeckt, bei deiner mittäglichen Nahrungsaufnahme. Als ich mich auf die Hinterbeine stellte und mit dem Schwanz wedelte, hast du sofort reagiert und hast mir mit dem Ausruf ›Hopp, hopp, hopp!‹ ein paar Fleischstücke zugeworfen. Seither funktioniert diese Methode mit absoluter Sicherheit. Ein Musterfall von Dressur.«
»Komisch«, sagte ich. »Ich habe immer geglaubt, daß du mit dem Schwanz wedelst, weil ich dir etwas zuwerfe.«
»Nein. Du wirfst, weil ich wedle. Du reagierst auf meine Wünsche. Ich brauche nur ein paarmal um dich herumzuspringen – und schon rufst du ›Platz! Platz!‹, als ob ich auf einen Knopf gedrückt hätte. Ich habe dich auch darauf dressiert, mich rechtzeitig auszuführen. Du nennst es ›Gassi gehen‹. Pünktlich um halb

sieben reibe ich meine Schnauze an deinem Bein und sehe dich an. Das ist das Zeichen für dich, die Leine zu nehmen und mir auf die Straße zu folgen. Dort erledige ich, was ich zu erledigen habe, während du danebenstehst und wartest, ohne dich zu rühren. Du bist wirklich sehr folgsam, ich sagte es ja schon.«
»Und ich dachte, daß *du* . . .«
»Ein Selbstbetrug. *Du* bist es, der *mir* gehorcht. Es ist ein automatischer Reflex, das wurde von diesem russischen Forscher, diesem Pawlow, einwandfrei festgestellt. Du hast sicherlich von den Experimenten gehört, bei denen der Hund die Reflexe des Professors kontrolliert hat. Es war ein musikalischer Hund, der besonders gerne das Klingeln von Glöckchen hörte. Und wenn er es hören wollte, brauchte er nichts weiter zu tun, als ans Fressen zu denken, also ein wenig Magensäure anzusammeln – und schwupps! sprang der gut dressierte Professor auf, um das Glöckchen zu holen. Was dich betrifft: du bist nicht auf Glöckchen eingestellt, sondern auf Stock. Ich nenne das Freiluft-Training. Kaum kommen wir an den Strand, melden sich deine Reflexe, du suchst nach einem Stock und wirfst ihn ins Wasser. Ich kann ihn zurückholen, sooft ich will – du wirfst ihn immer wieder ins Wasser.«
»Aber es macht dir doch Spaß, ihn zu holen!«

»Wer hat dir das eingeredet?«
»Ich glaubte es dir anzumerken.«
»Eben ein Irrtum. Aber das ist nicht schlimm. Im ganzen gesehen bist du gutes Material. Nicht gerade brillant, aber anpassungsfähig. Manchmal rührst du mich sogar.«
»Naja«, machte ich geschmeichelt. »Du weißt ja, wer der beste Freund des Hundes ist.«
»Von Freundschaft kann hier keine Rede sein«, wies mich Franzi kühl zurecht. »Ich brauche dich zur Hebung meines Selbstbewußtseins, das ist alles. Und jetzt kannst du weiterschlafen, mein Kleiner.«
»Ich möchte noch –«
»Platz!«

Weitere Erfolgsbücher von Ephraim Kishon

Kein Applaus für Podmanitzki
312 Seiten, Sonderreihe, Leinen

Arche Noah, Touristenklasse
Neue Satiren aus Israel
224 Seiten, Sonderreihe, Leinen

Der Blaumilchkanal
Satirische Szenen
272 Seiten, Sonderreihe, Leinen

Kishons Buntes Bilderbuch
Mit Zeichnungen von Rudolf Angerer. 120 Seiten, Leinen

Wie unfair, David!
192 Seiten, Sonderreihe, Leinen

Kishons beste Familiengeschichten
352 Seiten, Leinen

Drehn Sie sich um, Frau Lot!
224 Seiten, Sonderreihe, Leinen

Mein Freund Jossele und andere neue Satiren
288 Seiten mit 34 Zeichnungen von Rudolf Angerer, Leinen

Nicht so laut vor Jericho
248 Seiten, Sonderreihe, Leinen

Das große Kishon-Buch
Gesammelte Satiren »1961–1969«
548 Seiten, Leinen

Das große Kishon-Karussell
Gesammelte Satiren »1969–1976«
544 Seiten, Leinen

Kishon für Kenner
ABC der Heiterkeit
304 Seiten mit Zeichnungen von Rudolf Angerer

Kein Öl, Moses?
Satiren
320 Seiten, Leinen

Paradies neu zu vermieten
Satiren
360 Seiten, Leinen

In Sachen Kain und Abel
Satiren
320 Seiten, Sonderreihe, Leinen

Salomos Urteil – zweite Instanz
Satiren
288 Seiten, Sonderreihe, Leinen

Der seekranke Walfisch
240 Seiten, Sonderreihe, Leinen

Der Fuchs im Hühnerstall
Roman, 320 Seiten, Sonderreihe, Leinen

Kishons beste Geschichten
328 Seiten, Sonderreihe, Leinen

Kishons beste Familiengeschichten
352 Seiten, Effalin

Kishons beste Tiergeschichten
256 Seiten, Sonderreihe, Effalin

Kishons beste Reisegeschichten
320 Seiten, Sonderreihe, Effalin

... und die beste Ehefrau von allen
288 Seiten, Effalin

Das Kamel im Nadelöhr
384 Seiten, Effalin

Verlagsgruppe Langen-Müller/Herbig

Lentz-Kinderbuch-Verlag

KISHON

jetzt auch die große Lesefreude für Kinder

Wenn das Auto Schnupfen hat
72 Seiten mit 17 Illustrationen in Farbe
von Friedrich Kohlsaat
Lam. Pappband

Der Hund, der Knöpfe fraß
72 Seiten mit 15 Illustrationen in Farbe
von Friedrich Kohlsaat
Lam. Pappband

Der quergestreifte Kaugummi
70 Seiten mit 7 Illustrationen in Farbe
und 8 Schwarz/weiß-Illustrationen
von Friedrich Kohlsaat
Lam. Pappband

Lentz-Kinderbuch-Verlag

Schokolade auf Reisen
mit farbigen Illustrationen
ca. 76 Seiten
Lam. Pappband

Durch den Kakao gezogen
72 Seiten mit farbigen Illustrationen
von Friedrich Kohlsaat
Lam. Pappband

**Kishons schönste Geschichten
für Kinder**
272 Seiten mit 52 farbigen und
9 Schwarz/weiß-Illustrationen
Lam. Pappband

Date Due			
JUL 18 1987			
Aug 4 1987			
OCT 10 1990			

1246782